Autores:

YISETH ARBOLEDA TRUJILLO
MIKEL VAQUERO SOLÍS
MIGUEL ÁNGEL TAPIA SERRANO
DIANA AMADO ALONSO
PEDRO ANTONIO SÁNCHEZ MIGUEL

LA DANZA COMO MEDIADORA DEL MALESTAR PSÍQUICO Y SOCIAL

**Síntesis de la investigación sobre psicoterapia y expresión corporal.
Un estudio en países latinoamericanos y europeos**

WANCEULEN
Editorial

WANCEULEN
EDITORIAL DEPORTIVA

©Copyright: Yiseth Arboleda Trujillo, Mikel Vaquero Solís, Miguel Ángel Tapia Serrano, Diana Amado Alonso y Pedro Antonio Sánchez Miguel

©Copyright: De la presente Edición, Año 2018 WANCEULEN EDITORIAL

Título: LA DANZA COMO MEDIADORA DEL MALESTAR PSÍQUICO Y SOCIAL

Autores: YISETH ARBOLEDA, MIKEL VAQUERO SOLÍS, MIGUEL ÁNGEL TAPIA SERRANO, DIANA AMADO ALONSO y PEDRO ANTONIO SÁNCHEZ MIGUEL

Editorial: WANCEULEN EDITORIAL
Sello Editorial: WANCEULEN EDITORIAL DEPORTIVA

ISBN (Papel): 978-84-9993-936-0
ISBN (Ebook): 978-84-9993-937-7

DEPÓSITO LEGAL: SE 2015-2018

Impreso en España. 2018

WANCEULEN S.L.
C/ Cristo del Desamparo y Abandono, 56 - 41006 Sevilla
Dirección web: www.wanceuleneditorial.com y www.wanceulen.com
Email: info@wanceuleneditorial.com

ÍNDICE

1. Contextualización

La danza ha formado parte de la humanidad desde el inicio de los tiempos, tomándose como una manifestación artística y cultural de los pueblos y ciudades. Desde los orígenes de la humanidad las personas buscaron medios de comunicación y de manera general lo podían hacer mediante movimientos corporales manifestando así una capacidad creativa de comunicación, de tal manera que a través de la danza se pudiera expresar la propia identidad, todo aquello que se siente, lo que se ve o escucha… traduciéndose esto además en una manifestación infinita de la mente y el espíritu para expresar lo que resulta difícil utilizando la comunicación oral y escrita.

Si tratáramos los beneficios que la danza puede aportar a las personas, podríamos destacar varias perspectivas. Desde el punto de vista biológico, podemos determinar la danza como una necesidad del cuerpo que le aporte soltura y aptitudes motoras. Desde una perspectiva social, destacar el desarrollo de habilidades sociales y el estilo propio de cada uno de los involucrados en la danza, a esto debemos sumarle su herencia cultura que identifica a cada persona y la hace sentirse propia de un estado, ciudad o pueblo. Por último, y no menos importante la perspectiva psicológica, autores como Singla et al., 2017 encontraron que los tratamientos psicológicos brindados por proveedores no especializados[1], en países de bajos y medianos ingresos, constituyen un proceso innovador, pero también con efectos moderados a fuertes en la reducción de los trastornos mentales comunes en población adulta como la depresión, la ansiedad y el estrés postraumático. Estas intervenciones empleaban recursos locales y consistían en tratamientos breves (menos de 10 sesiones en entornos locales o comunitarios).

---

[1]Estos proveedores no especializados (PEN) estaban conformados por: trabajadores de la salud comunitarios o pares en atención primaria, voluntarios de salud comunitarios, compañeros de la misma comunidad, trabajadores sociales, parteras, personal auxiliar de salud, maestros, médicos de atención primaria y enfermeras, y personas sin un rol de servicio profesional

En su análisis, los autores identifican limitaciones culturales para el análisis y el desarrollo de intervenciones eficientes en comunidades indígenas (Singla et al., 2017).

Van Ginneken et al. (2013 citado en Singla, Singla et al., 2017) caracteriza los contenidos de dichas intervenciones:

1) Alinean el contenido del tratamiento con las creencias prevalecientes sobre la enfermedad
2) Brindan el tratamiento en entornos accesibles, como en atención primaria y entornos comunitarios.
3) Durante los últimos años han adoptado enfoques transdiagnósticos, modelo avalado en eficiencia como tratamiento psicoterapéutico en el reciente informe de la OIM (England et al. 2015 citado en Singla et al., 2017) o dejan de centrarse en tratar un trastorno único (Bolton et al., 2014, Murray et al., 2014 citados en Singla et al., 2017).

Singla et al. (2017) identifica los cinco elementos específicos más empleados en los tratamientos: apoyo social (85.2%); participar en la resolución de problemas (80.8%); identificar o provocar afecto (76.9%), o ambos; vincular el afecto con los eventos (76.9%); e identificando pensamientos (63.0%).

Los cinco elementos específicos de intervención menos empleados fueron: la atención plena (0%), la distracción (14.8%), la auto-conversación (22.2%), la exposición (22.2%) y la relajación (22.2%).

A nivel metodológico se utilizó como mínimo: un elemento conductual, interpersonal y emocional (85%), un elemento cognitivo (74.1%). Las técnicas más usadas durante la sesión de intervención fueron: psicoeducación (85.2%), sugerencias directas (59.2%), asignación de tareas (59.2%), elogios (55.6%). Las técnicas menos comunes en la sesión utilizadas fueron la retroalimentación biológica o el neurofeedback (0%), la contratación conductual (7,4%), el papel del enfermo (18,5%) y el uso de entrevistas motivacionales (18,5%).

1.1. CONTEXTO INTERNACIONAL Y PSICOTERAPIAS

Moriana, Gálvez y Corpas (2017) en su estudio sobre tratamientos psicológicos a nivel internacional para los desórdenes mentales en adultos, concluyen que, en la mayoría de los casos existen pocos acuerdos entre las entidades y existen diversas discrepancias en la forma como se tratan algunos trastornos.

La investigación sobre el valor psicoterapéutica de las artes ha sido registrada principalmente en la antropología asiática y africana (Ben-Ari, 1991; Hanna, 1987; Hirabayashi, 2009; Mills, 2012; Parmar 2013 citados en Kawano, 2018).

La neurociencia ha demostrado la relevancia del movimiento y el cuerpo en procesos de carácter abstracto como el aprendizaje, la memoria y las emociones (Niedenthal, Winkielman, Modillon, y Vermeulen, 2009; Seligman y Brown, 2010 citados en Kawano, 2018).

1.2. LA OTRA CARA DE LA DANZA

Algunos estudios desarrollados en pacientes con obesidad no han encontrado efectos terapéuticos adicionales tras el uso de la danza. En Allet et al. (2017) se encontró que, tras la práctica de la danza dentro de un programa ambulatorio de formación sobre hábitos de salud, la autoestima de los pacientes aumentó, pero las capacidades funcionales y la actividad física no mejoró significativamente.

Bearss, McDonald, Bar y DeSouza (2017) encontraron que la danza en el tratamiento del Parkinson avanzado es capaz de mejorar los síntomas motores, pero no la calidad de vida en general. Algunos estudios en danza con pacientes en condición de demencia moderada a severa en Sidney, Australia, no se encontraron resultados significativos en la mejoría de los síntomas de los cuadros psicopatológicos. En el ámbito de la danza se ha identificado que algunas variables como el docente puede afectar los niveles de ansiedad experimentados por los practicantes de danza (Téllez, 2018). En este caso la atención es una variable que no fue evaluada y los investigadores sugieren estudiar (Low et al., 2016).

1.3. DANZA Y EDUCACIÓN

El arte y la pedagogía son soportadas por los mismos principios educativos, el respeto a las preguntas de los alumnos y guiarlos a encontrar sus propias respuestas (Davies et al., 2013), y, por lo tanto, ambas disciplinas deben coexistir en la enseñanza de la danza. En este sentido, la pedagogía que desarrolla la actividad de la dimensión artístico expresiva ha llevado a los maestros a sugerir ideas sin imposición, utilizar métodos activos/inductivos, responder de manera diferente a los errores y las experiencias negativas, promover la discusión durante la retroalimentación, mantener un estilo receptivo, y tener la actitud de aprender al mismo tiempo que los alumnos, permiten que los maestros experimenten un proceso de enseñanza-aprendizaje creativo (Allen, 1981).

Las actividades de la dimensión artística y expresiva estimulan la creatividad motriz, utilizando locales generalmente abiertos que ayudan a generar respuestas singulares y fomentar la improvisación frecuente por parte de los alumnos (Watson, Nordin-Bates, y Chappell, 2012). Por lo tanto, la improvisación se utiliza en la danza como una técnica para desarrollar el pensamiento divergente (Davenport, 2006; Baer, 2014). Estas premisas pueden ser mostradas a través de diferentes procedimientos de enseñanza, tales como un nivel adecuado de la práctica y el acondicionamiento, el uso de la retroalimentación, los estímulos de pensamiento crítico, el uso de habilidades para llevarlas a cabo, o dar diferentes orientaciones (Beghetto y Kaufman, 2016). Durante las clases de danza, la práctica y el acondicionamiento pueden ser cambiados fácilmente a través de la interacción con otros alumnos o manipulación de objetos, y las tareas se pueden mostrar mediante el uso de metáforas y otros recursos verbales.

Un claro ejemplo lo tenemos en el caso de Colombia, Donde uno de los maestros del colegio de Siolé, recogía las siguientes declaraciones: "Si ustedes recuerdan hace 13 años Siloé era la comuna más violenta, no solamente de Colombia sino de Latinoamérica eso hay un texto se hizo un estudio era Siloé, ahorita ha sido superada por otras ciudades. Aquí en el Colegio además hay una característica, en el Colegio no venían como en otros Colegios que hay diferentes zonas, aquí todos eran de Siloé y de la Sirena todos eran del mismo contexto, entonces también para bien o para mal eso; la problemática está ahí encerrada -aquí era el reflejo de lo que pasaba" (AB, MP; 2010)[2].

Tal y como afirma una de las maestras del colegio Multipropósito es necesario considerar la educación y la escuela como un espacio difuso, que más que una frontera representa un campo donde se refleja la realidad cotidiana de los jóvenes.

De este modo, cuando se observan los aspectos educativos de la comuna 20 como elementos de precariedad donde el máximo nivel educativo alcanzado por los habitantes de la comuna 20 es en su mayoría básica primaria (42,2% de la población total de la comuna), seguido por personas con básica secundaria (completa e incompleta) con un 35,6%. Durante 2005 existía un total de 10.161 estudiantes matriculados en 84 establecimientos educativos (12,6% de los educandos se encontraba matriculado en 33 instituciones educativas en preescolar).

Se estima que el 3,4% de la oferta educativa pública de la ciudad se encuentra en la comuna 20 y presta servicios de educación al 2,5% del total de estudiantes de la educación pública del municipio. De modo que la población joven de la comuna 20 de Cali se enfrenta a una carente oferta educativa, así como también a altos niveles de deserción escolar, la cual se concentra en el periodo de primaria, elemento que no abastece las demandas educativas y sociales en formación secundaria para los jóvenes. Afectando su vinculación e integración social, no solo a nivel laboral, sino también cultural, ético, político y socioeconómico.

La centralización de las instituciones educativas en algunos sectores de la ciudad de Cali y la preferencia de los usuarios, genera la movilidad de población estudiantil entre comunas. Las instituciones educativas de más alta calidad son casi inaccesibles para algunos estudiantes de bajos recursos, así, la oferta educativa se reduce a la educación formal y las pocas oportunidades que se ofrecen dentro del esquema no-formal, operan a través del SENA y

---

[2] MP, se empleará como abreviatura de la categoría Maestro Participante. Refiere a uno de los maestros del grupo de danza conformado en el grupo Multipropaz, de la Institución educativa Multipropósito en Cali, Colombia.

Fundaciones cuyas acciones realizadas no establecen una mínima coordinación con la institución educativa en términos de complementariedad y diversificación. Esta práctica, niega la posibilidad de constituir en la escuela el eje de los procesos de desarrollo comunitario sobre la base de la obtención y oferta de información acerca de las dinámicas de este entorno que la determina notoriamente" (DAPM ,2009: 264).

Para aprovechar el poder educativo que la danza puede aportar, se han desarrollado varias estrategias que aporten valor educativo a los jóvenes. El ejemplo Multipropaz (pag.), es uno de los más claros ejemplo desarrollados en Colombia en concreto en Comuna 20 de Cali.

1.4. ORIGEN, HISTORIA E IDENTIDAD DE LA COMUNIDAD 20 DE CALI

La población de la Comuna 20 de Cali se encuentra conformada por los barrios: el Cortijo, Belisario Caicedo, Siloé, Lleras Camargo, Belén, Brisas de Mayo, Tierra Blanca, Cañaveralejo, Venezuela, Parcelaciones Mónaco, Pueblo Joven, Cementerios Carabineros y La Sultana[3]. Y es reconocida por la gente de Cali como "Siloé".

Es necesario ubicar la configuración del sector de la comuna 20 de Cali como un proceso atravesado por el período de la violencia en Colombia característico de los años 50 y 60. La mayoría de la población del sector de la comuna 20 de Cali ha sido desplazada o desintegrada por el modelo económico que ha operado en la nación. Adamas, la figura del estado y la legitimidad que éste podría haber tenido para los ciudadanos resulta aún más cuestionada no sólo cuando el modelo de Industrialización por sustitución de importaciones y la apertura económica que vivió el país durante el establecimiento de la constituyente fortaleció la industria y genero una serie de expectativas mayores fundamentadas en valores que promovían no solo la configuración de un estado de derecho, sino también una nación de carácter plurietnica y multicultural, realidades que quedaron sumidas a las letras de la constituyente. Las cuales, de

---

[3] Departamento administrativo de planeación municipal, Período 2008-2011

forma concreta eran deslegitimadas por la acción que tomaban los funcionarios y la fuerza pública a nivel local y regional.

En el caso de Siloé es reconocida la toma que realizó el ejército de este sector del Oeste de la ciudad en el año de 1.985, procesos que no fueron pacíficos, sino que contrariamente implicaron violencia física, la cual significó la muerte de cientos de habitantes de la ciudad.

Problemáticas como el conflicto de pandillas, de violencia escolar y familiar que viven los jóvenes de Multipropósito se encuentran íntimamente relacionadas con la introducción del M-19 en la ciudad en la década de los 80 y la forma como la participación de este grupo y ciertas dinámicas de desplazamiento del campesinado en otros sectores de la región, ocasionados por la política económica que había imperado hasta el momento a partir del modelo de industrialización por sustitución de importaciones, habían generado impactos sobre la sociedad Colombiana que pusieron en cuestionamiento la gobernabilidad del estado colombiano.

Acerca de la influencia del M19 en la historia de esta zona de la ciudad da cuenta el ex-militante de la organización armada, Navarro Wolff, cuando describe el impacto del M19 en sectores marginales como Aguablanca y Siloé, donde expone:

"En el ejercicio del poder popular en los sectores bajo la influencia del movimiento armado, lo que produjo gobiernos paralelos: los campamentos de paz y democracia fueron el desarrollo de esa concepción de gobierno en los barrios populares

Por ejemplo, en el distrito de Agua Blanca, en Cali, hicieron planes de desarrollo, planes económicos y políticos, alianzas, empezaron a pensar como gobierno a nivel de 350 o 400 mil habitantes de la ciudad de Cali; comenzaron a crear sus propios modelos de producción comunitaria, de servicios, de asociación con el resto de los sectores de la ciudad.

La consigna, además, es fácilmente comprensible, no como el concepto de poder o de núcleos de poder popular: si decimos "aquí en el barrio Siloé somos gobierno", todo el mundo sabe de qué se trata, porque se aprovechan experiencias de este tipo que han surgido en la historia de América Latina y de Colombia. En Colombia, los paros cívicos, una forma de protesta popular, se hacen sobre comités cívicos que son gobierno.

RJR. Hablaste antes de la gran importancia de los sectores marginales. Pero, así, la concepción parece muy unilateral. Diversas organizaciones revolucionarias de América Latina han planteado que, para avanzar hacia una nueva sociedad, es necesario formular un nuevo proyecto nacional que incluye la articulación de una alianza social amplia.

ANW. La verdad es que el análisis del proceso de paz marcó el énfasis en los sectores más dinámicos durante ese periodo. Pero el proyecto estratégico del M-19 reconoce la necesidad de un proyecto de nación que incluya a las mayorías: a los marginales y a los campesinos, a los obreros, a los sectores medios de la población (...)

Son profesionales, artistas, técnicos... y la revolución también es para ellos. Aunque los sectores medios se comportan de manera menos radical y su suma al proceso es más tardía, han producido montones de cuadros (...)

La práctica del proceso colombiano muestra que los sectores más dinámicos los que han soportado en gran parte el peso del avance revolucionario, son los trabajadores marginales y los campesinos. Los trabajadores marginales son proletarios y son trabajadores independientes. Pero lo que sí está claro en el proceso colombiano es que la clase obrera organizada, con cierto nivel de desarrollo, politizada, ha jugado un papel muy poco dinámico en el proceso (...)" (Wolff; 2007)

De este modo, ahora, no sólo estas dinámicas macro son las que han marcado la manera como los habitantes del sector de la comuna 20 de Cali han configurado su identidad, sino que también a nivel de la ciudadanía se movilizan un conjunto de repertorios y representaciones de este sector de la ciudad que lo reduce a lo dañino, a la violencia, los robos y asesinatos, que reducen la población juvenil a la figura del pandillero y la adolescente en embarazo.

Con respecto a estas ideas que hacen parte del sentido común es necesario saber que no son simplemente mitos o creencias que circulan en la ciudad, pero que tampoco representan todas las formas de convivencia de la comuna 20. Tal y como sucede con el resto de sectores de la ciudad, la violencia representa sólo una parte de la realidad de la comuna, más conocida como "Siloé".

La violencia entonces no es sólo un elemento de orden imaginario, representa parte de la realidad escolar de los jóvenes de Multipropósito, manifiesta en formas de Bullying, agresión física y/o verbal que traspasa las fronteras de la escuela hasta llegar al barrio.

Tal y como afirma una de las maestras de Multipropósito, la institución surge en respuesta a la demanda escolar de una población específica. Ella explica que:

> "Multipropaz tiene más o menos seis o siete años, no recuerdo bien. -Bueno-, lo que paso aquí es que inicialmente cuando se abrió el Colegio nos mandaron....-no se seguía el mismo proceso de hoy- qué la Secretaria de Educación inscribe y luego manda a la gente para los Colegios donde quieren estar -No-.
>
> Sino que en esa época cada Colegio recibía. -Sí- y a nosotros nos mandaron todos los que no habían recibido del Politécnico, de la Juana, del Eustaquio. Entonces, nos llegaron como 350 muchachos que eran problema, que nos los recibían porque tenían problemas de disciplina, todas esas cosas. Entonces la situación en esos primeros años fue dura, pues porque nos tocó con jefes de pandillas, nos tocó mucho conflicto, había venganzas entre familias-bueno- eso fue difícil, muy duro; mucha agresividad, mucha violencia. Aunque aquí en el Colegio nunca ha pasado nada aquí a dentro, al interior. Porque ellos piensan que aquí están protegidos y que aquí están bien entonces, ellos aquí respetan mucho el Colegio. Todo

lo que pasa, pasa allá en el puente o afuera (DA, MP, Comunicación personal, 2010).

1.5. ¿QUÉ ES EL PROGRAMA MULTIPROPAZ?

Multipropaz es una propuesta de mediación escolar hecha por jóvenes y para jóvenes desarrollada dentro de la institución educativa Multipropósito de la comuna 20 de Cali cuya función central consiste en la resolución de conflictos escolares a través de diversos grupos de arte.

Para esta investigación se entrevistó a los jóvenes practicantes de danza, pertenecientes al grupo de salsa. Multipropaz nació en el año 2003 como un programa promovido por la ONG Plan Internacional, en el cual participaron departamentos como Bolívar, Cartagena, Atlántico, Cauca, Valle del Cauca, Chocó, Sincelejo y Tumaco. En el Valle participaron instituciones provenientes de ciudades como Jamundí, Padilla y Cali. Cientos de instituciones educativas a nivel nacional, de las cuales Multipropaz ha sido una de las pocas que ha tenido impactos positivos y sostenibles en la mediación de la violencia de pandillas y en el fortalecimiento de prácticas de resolución de conflictos a través del arte.

Foto 4. Jóvenes del grupo de Multipropaz en instalaciones de la escuela Multipropósito, de la comuna 20 de Cali, Colombia (2010)

Como se puede apreciar en la imagen, se puede apreciar la conformación de la ciudad y la extensión de la urbanización y las formas de asentamiento poblacional en la ciudad. Cali es una ciudad que *"presenta drásticas desigualdades en torno a sus características sociodemográficas: las comunas del oriente y ladera son vulnerables demográficamente; mientras las comunas del sector del corredor y sur de la ciudad muestran un comportamiento más moderno. Es importante señalar que la vulnerabilidad demográfica implica mayores dificultades de los hogares para la formación de capacidades útiles para escapar de la pobreza"* (DAPM, 2009)

Esta configuración de sectores marginados deja a la imaginación la creación de otras imágenes sobre determinado barrio, sector o comuna. Siloé, es como es identificada la comuna 20. Sin embargo, aunque es conocido por presentar elevados índices de violencia; hay otras lecturas, como la realizada por uno de los estudiantes de Multipropósito:

"La gente cuenta con espacios en los cuales puede vivir en paz, con una buena y sana convivencia. En donde las personas tratan de que la violencia no sea el pensamiento de los jóvenes" (ESTP, Comunicación personal, 2010)[4]

"En las casas u hogares se viven cosas que son tan malas que influyen más en los jóvenes que las mismas buenas y resultan difíciles de manejar y se ven reflejadas en el ámbito educativo" (ESTP, Comunicación personal, 2010)

Uno de los estudiantes no participantes del grupo Multipropaz expone además algunas de las dificultades que identifica en la violencia.

"A nosotros nos cuesta mucho entrar a clase y dictarle clase a unos chicos que vienen de allá afuera, pero que son de aquí de Multipropósito y que lo de afuera lo aplican acá, aunque no todos son iguales, hay unos que se portan bien en sus casas y acá se portan mal o acá se portan mal y en sus casas se portan bien, entonces nosotros, nos hace difícil

---

[4] ESTP, esta sigla será empleada para referir a los Estudiantes participantes del grupo de danza del grupo Multipropaz de la institución educativa Multipropósito de Cali, Colombia.

eso y aunque nosotros, gustosos de cambiar la situación de este colegio, de la comunidad" (ESTP, Comunicación personal, 2010)

"Pero es difícil contar con el mismo apoyo de los jóvenes, porque pues ya sabrás que hay mucha mala idolatría aquí, hay mucho mal pensamiento en una comunidad que pues su pensamiento es por lo menos así idiota, porque pues la verdad compartida es que, que últimamente no son las mejores para su vida y las mejores para una comunidad y más que todo pues para una sociedad que, que es marginal, por así decirlo(...)la violencia no lleva a nada, la violencia no lleva a nada, en absoluto" (ESTP, Comunicación personal, 2010)

Algunos de los Jóvenes de la comuna 20 de Cali, perciben que el sector donde viven se caracteriza por una imagen que refiera a la violencia, los embarazos adolescentes y las pandillas.

"Nuestra comunidad que se caracteriza porque hay violencia o porque hay chicas de catorce a cuantos años en embarazo, entonces acá, "Ve y ¿Conocés Siloé?" "Sí, ah, si yo conozco por allá un hueco donde hay pandillas, donde hay chicos que están fumando marihuana y donde hay chicas que están con trece, que tienen trece años y están en embarazo y están llorando en sus casas porque no saben qué hacer. Entonces eso es tenaz, nosotros manejar eso" (ENP; Comunicación personal, 2010)

Sin embargo, esta es una parte de la imagen de la comuna, la que la mayoría de la ciudad conoce como "Siloé". En medio del discurso hay otras lecturas del contexto que han sido propuestas por Multipropósito y Multipropaz.

"Este colegio cambia de imagen cuando alguien hace algo bueno, ¿me entiendes?, cambia de imagen cuando hace alguien, cuando alguien hace algo malo, pero siempre se está, se tiene presente de que el colegio, Multipropósito, va a hacer algo malo, ¿por qué? Porque pues por los mismos,

por los mismos estudiantes, excluyo a uno, y por la misma comunidad ¿qué es lo que ha pasado ahora últimamente?

Esta comunidad se llenó de, de mejor dicho una de un pensamiento tan tenaz, pero un pensamiento horrible de que, de que vos me miras así y yo te voy a acuchillar y qué pasa que aquí hay alguien que va caminando por la calle y si mira a alguien de la comunidad así, ese de la comunidad va salir corriendo detrás de ti a meterte chuzón porque lo miraste así, y a quien le echan la culpa porque tiene un uniforme, al de multipropósito: "ah, ese tipo es de un colegio, el chico es de un colegio y mire lo que hace" (ESTP; Comunicación personal, 2010)

Dentro de esta pequeña parte de la población que promueve comportamientos de convivencia a través del manejo del conflicto se encuentra el grupo Multipropaz, cuyos integrantes son reconocidos en la institución educativa Multipropósito, por jóvenes que pertenecen a pandillas y por la mayoría de los habitantes de la comuna 20 de Cali debido a sus buenas relaciones interpersonales.

Los jóvenes de Multipropaz tienen afirmaron tener una *"facilidad para aceptar al otro sin, sin irlo a criticar y escuchar a los demás"* (ESTP, Comunicación personal, 2010).

A partir de Multipropaz ha sido posible dar cuenta de otra cara de la comuna 20, como expone uno de los estudiantes.

"Saliendo...y dándole a conocer a las personas lo que nosotros hacemos y que acá no vinimos, digámoslo, así como a sentarnos y no hacer nada. que acá además de estudiar, también, eh, se, se valora en ámbito personal y como uno se, se, o sea, se, como te dijera, o sea se valora el ámbito personal y como uno trata a los demás" (ESTP; Comunicación personal, 2010).

2. Justificación

La normativa del año 2015 de la OMS (Organización Mundial de la Salud) clasifica el tratamiento psicológico como tratamiento de primera línea para las enfermedades de salud mental.

Los trastornos mentales comunes (Common Mental Disorders), que incluyen trastornos depresivos, de ansiedad y de estrés postraumático, representan una de las principales causas de discapacidad en el mundo (Whiteford et al., 2013 citado en Singla et al., 2017). Las tasas de prevalencia global se estiman en 4,7% para los trastornos depresivos (Ferrari et al., 2013 citado en Singla et al., 2017) y 7,3% para los trastornos de ansiedad (Baxter et al., 2013 citado en Singla et al., 2017). Las tasas de prevalencia de depresión y estrés postraumático son, respectivamente, del 30,6% y del 30,8% (Steel et al., 2009 citado en Singla et al., 2017).

Singla et al. (2017) afirma además que las tasas de prevalencia de 12 meses se estiman en un 17.6% para cada patología a nivel mundial. El 29,2% de los adultos sufren en algún momento de su vida un trastorno mental común. Representan además el 41,9% de los trastornos mentales y por consumo de sustancias (Steel et al., 2014 citado en Singla et al., 2017).

Aunque la OMS, en su programa de acción contra la brecha de la salud mental (MHGAP, 2015), sugiere el uso de tratamientos psicológicos como intervenciones de primera línea para abordar los trastornos mentales comunes, el verdadero reto está en determinar cómo administrar dichos tratamientos psicoterapéuticos en entornos reales. En Vancouver se ha desarrollado un modelo para mejorar la salud de la población a través de la danza (Veal, 2017), casos como estos demuestran la eficiencia de la expresión corporal, así como también, la necesidad de modificar el modelo farmacológico y tradicional de salud.

Actualmente la inactividad física (IF) constituye uno de los mayores desafíos de salud (Andersen et al., 2016; Benie et al., 2016 citados en Vassallo, Hiller, Pappas y Stamatakis, 2018). Son muchas las investigaciones que se han llevado a cabo sobre la IF en los jóvenes y adolescentes, convirtiéndose en un predictor directo de la salud (Ardoy et al., 2011). Numerosas organizaciones han intentado dar respuesta y aportar información al respecto. Sin ir más lejos, la Organización Mundial de la Salud (OMS) ha elaborado diferentes trabajos como el *Informe de Recomendaciones Mundiales sobre Actividad Física para la Salud* (2010) indicando que al menos un 60% de la población mundial no realiza ningún tipo de AF o no llega a los mínimos aconsejables para producir beneficios para la salud. Posteriormente, la OMS (2013) indicó que se considera a la IF como una epidemia que se sitúa en el cuarto factor de riesgo de muerte, siendo, concretamente la causa del 6% de las muertes registradas anualmente en el mundo y la causa principal de enfermedades como el cáncer de mama y de colon (en un 21-25% de los casos), la diabetes (en un 27% de los casos) o la cardiopatía isquémica (en un 30% de los casos).

Ante esta situación, se presenta la danza no sólo representa una solución eficiente, sino también multidimensional y poco costosa. Así, el costo global anual atribuible a enfermedades mentales comunes se estima en $ 1,15 billones (Chisholm et al., 2016 citado en Singla et al., 2017). Danzar reduce el riesgo de demencia (Verghese et al., 2003 citado en Vassallo, Hiller, Pappas y Stamatakis, 2018) y los síntomas depresivos (Vankova et al., 2014 citado en Vassallo, Hiller, Pappas y Stamatakis, 2018).

3. Antecedentes

3.1. EL USO DE LA DANZA EN CONTEXTOS TERAPÉUTICOS

La atribución de propiedades curativas al arte no es una asociación novedosa, a lo largo de la historia de las culturas encontramos diversos ejemplos. Así, en el Egipto antiguo, destaca el uso de actividades artísticas como recomendación para el tratamiento de psicopatologías; por otra parte, la cultura griega encontraba en la música un espacio de ritualidad y cura. La Biblia asocia la música a lo sacro y a la dimensión inmaterial o espiritual del hombre. Un claro ejemplo es el caso del Rey Saúl, quien empleaba la música para alcanzar la felicidad (Malchiodi, 2013 citado en Mondolfi y Muneta, 2018, p. 10).

Con la llegada de la Psiquiatría entre 1.800 y 1.900, se percibe el arte como una vía para dignificar el trato hacia los pacientes. Sin embargo, las propiedades psicoterapéuticas del arte sólo fueron consideradas hasta el siglo XX, tras la I Guerra Mundial, al observar que muchos sobrevivientes a la guerra sólo respondían al estímulo musical (Malchiodi, 2013 citado en Mondolfi y Muneta, 2018).

Posteriormente, con el desarrollo teórico del psicoanálisis a finales del siglo XIX, la expresión artística es considerada como resultado de la puesta en marcha de la sublimación, un mecanismo de defensa inconsciente, desde el cual las pulsiones de agresión y muerte se transforman en respuestas socialmente aceptadas. Es decir, el arte configura un medio de elaboración del conflicto psíquico.

La Psiquiatría y el Psicoanálisis también fueron disciplinas inclinadas que encontraron en el arte un propósito más allá del estético. Algunos psicoanalistas como Jung, se interesaban por las imágenes como vía de comprensión del imaginario del paciente, consideraba la actividad artística y creativa un espacio donde este imaginario se movilizaba (Labrèche y Ranger, 2015 citados en Mondolfi y Muneta, 2018).

En Europa a mediados del siglo XX toma fuerza el paradigma del efecto terapéutico de la experiencia artística desde diversas corrientes de intervención con arte. El movimiento "Art brut" de Jean Dubuffet es un ejemplo de esto. Dubuffet en su afán por explorar la expresión artística fuera del medio académico, introdujo el arte en población psiquiátrica, involucrándolos tanto en la producción como en la apreciación del arte plástico en galerías. Los artistas que se adhieren a esta corriente comienzan a apreciar y proclamar el poder terapéutico del arte.

En América, durante las décadas de 1.930 y 1.940 se consolidan movimientos de artistas y psicoterapeutas que propugnan el potencial de las artes creativas como medio de cura y alternativa a la psicoterapia tradicional en el tratamiento de psicopatologías severas. Centros psiquiátricos importantes como Menninger Clinic en Kansas y St. Elizabeths en Washington incorporan las artes como actividades terapéuticas (Malchiodi, 2013 citado en Mondolfi y Muneta, 2018, p. 15).

3.2. LA RELACIÓN ENTRE ARTE Y TERAPIA: "ART-THERAPY"

La relación entre Psicología y Arte es un asunto que data desde los griegos, ya lo menciona Tejedo (2016) al referir la opinión del Padre de la iglesia de Alejandrina del Siglo III d.c. sobre las criaturas dotadas de alma, para el cual "la fantasía es tanto una imagen contemplada por los ojos de la mente como una voluntad o sentimiento tendente a la ordenación y regularización del movimiento en la imitación de dicha imagen" (p. 33). La imaginación del artista se configura como espacio de construcción simbólica asociado a la psique, de carácter sacro o vinculado a lo divino.

Por otra parte, en 1.801 Pinel (citado en Tejedo, 2016) expone en su tratado sobre la manía, la relevancia del arte en el ámbito laboral. Así como también destacan las investigaciones llevadas a cabo por Charcot, Freud, Jung y Piaget, las cuales vinculan las prácticas artísticas con intervenciones en el área psicoterapéutica y social. Para Tejedo (2016) la institucionalización de este campo es denominado *Arte Terapia*.

Sin embargo, en el presente estudio referiremos a los efectos psicoterapéuticos del arte y no al concepto de *arte terapia*, en tanto el propósito de la investigación consiste en identificar los elementos tanto terapéuticos como no terapéuticos de la expresión plástica y corporal (Dantas, Alonso, Sánchez y del Río, 2018).

En el campo de la Psicología y el Arte, existen diversas preguntas de investigación, algunas formuladas desde el paradigma sociológico, otras desde el historicismo o tomando como fundamento teórico y metodológico los aportes de la Psicología y la Psiquiatría. Entre todas ellas es posible distinguir, sin embargo, dos grandes vertientes de análisis: *la psicología del arte y la psicología en el arte.*

El análisis de la psicología del arte refiere al estudio de los procesos psicológicos involucrados en la estética o expresión creativa, mientras que la segunda vertiente, aborda la forma como el arte puede ser empleado con fines psicoterapéuticos o en procesos de intervención desde la Psicología.

Entre las investigaciones actuales destacan los abordajes desde métodos promocionales y preventivos (Amarante, Freitas, Pande, Mariana y Nabuco, 2013). En el marco de la salud mental la psicología ha aportado diseños de intervención desde diversas escuelas, entre las cuales se encuentran: el paradigma clínico humanista, que reconoce la narrativa del sentido y sus abordajes terapéuticos (Córdoba, 2007); el paradigma experimental, ámbito en el cual predomina el uso del dibujo como recurso plástico de intervención y tratamiento (Farah, 2016). Y finalmente, está la vertiente cognitivo conductual, la cual, junto con los estudios humanistas ha desarrollado estudios del arte como disciplina de intervención pedagógica y terapéutica (Rigo, 2006).

Ante las diversas lecturas teóricas posibles, el objeto de análisis de esta investigación comprende la salud mental, como un estado según el cual un individuo percibe y autoevalúa tanto a nivel cognitivo como afectivo su vida (Andrews y Withey, 1976, citados en Casullo y Solano, 2000), como una totalidad en términos favorables. Incluyendo además la capacidad individual para afrontar y resolver los conflictos subjetivos; en palabras de Bermann (2015, citados en Oramas, Santara y Vergara, 2016) denota el aprendizaje de la realidad para transformarla por medio de enfrentamientos a nivel del sujeto con su entorno y a nivel introspectivo.

3.3. EFECTOS TERAPÉUTICOS DEL ARTE Y ARTE TERAPIA: DOS CONCEPTOS DIFERENTES.

Actualmente la academia cuenta con amplio material bibliográfico de corte socio construccionista cuyas tesis defienden los efectos positivos de la intervención con arte en el contexto psicoterapéutico, muchos de los cuales emplean el concepto de Arth Teraphy. Sin embargo, algunos autores como Strack y Argyle (1991 citados en Casullo y Solano, 2000) han delimitado el concepto de psicoterapia y salud mental, diferenciándolo estrictamente de estas nuevas definiciones.

La corriente de estudio denominada "Art-therapy" remonta su desarrollo después de la segunda guerra mundial, como un intento de paliar las intervenciones con fármacos de los hospitales psiquiátricos. Este modelo debe su difusión, especialmente a la corriente psicoanalítica y al asociacionismo de la sociedad inglesa.

Según Tejedo (2016) el arte terapia es un modelo no institucionalizado, el cual surge como una contracorriente al modelo manicomial. Para Tejedo (2016) en esta corriente destacan los aportes de Pérez Valdés (1917-1918), Lafora (1922), Pérez Villamil (1933); así como también, simposios y espacios de encuentro académico en torno al valor del arte como elemento psicoterapéutico, tales como el museo de pintura del Hospital Psiquiátrico de Ciempozuelos; el Congreso Mundial de Psicoterapia de 1.958 en Barcelona, las comunicaciones de psicoterapia por el arte; el IV Congreso Mundial de Psiquiatría en 1.966 en Madrid y los congresos de psicopatología de la expresión (1.984, 1.985).

Del modelo de *arte terapia* resulta significativo entonces, el énfasis que hace en los procesos subjetivos, cognitivos, perceptuales y afectivos que acaecen a la actividad artística.

4. Paradigma de investigación

Esta investigación se enmarca en el paradigma biopsicosocial en tanto evalúa la enfermedad mental o el malestar psíquico como un proceso de conflicto subjetivo que se explica por factores biológicos, psicológicos, pero también sociales.

A nivel metodológico se asume una postura ecléctica, recurriendo a técnicas de recolección y análisis de la información de tipo cualitativo y cuantitativo.

A nivel ontológico se percibe al ser humano desde una lectura constructivista y construccionista. Por una parte, desde el construccionismo se recurre a elementos para comprender el valor del conflicto en la sociedad y entender cómo la danza, se convierte en una válvula o mecanismo mediador para traducir el conflicto social en conductas no violentas.

Desde el modelo constructivista se destaca el papel del conflicto en la escala subjetiva con el propósito de comprender cómo el individuo es capaz de construir a partir de sus recursos psíquicos una salida al conflicto o malestar psíquico a través de la práctica de la danza.

El análisis pretende romper la lectura dualista mente/cuerpo y toma por objeto de análisis el movimiento o la danza, involucrando variables tanto de la neurociencia como de estudios de corte hermenéutico.

Para comprender ambos elementos esta investigación propone un estudio longitudinal y comparativo entre jóvenes de pandilla de Cali, Colombia practicantes de danza y Jóvenes universitarios de España, e Italia, practicantes y no practicantes de danza, tomando como preguntas centrales de estudio aquellas asociadas a los efectos psicoterapéuticos de la danza: ¿Tiene efectos psicoterapéuticos la danza? ¿Cuáles son esos efectos terapéuticos de la danza y cuál es su origen? ¿Qué lugar tienen en el manejo del conflicto psíquico y social?

5. Problema de investigación

Este trabajo de investigación tiene por objeto comprender: ¿Cuáles características de la danza son eficientes para la mediación del conflicto psíquico en jóvenes de Italia, España y Colombia? y ¿Cuáles características de la danza son eficientes para la mediación del conflicto psíquico y cultural en jóvenes de Colombia en condición de grupo?

Por este problema de estudio intenta abordar los efectos terapéuticos, tanto psicoterapéuticos como sociales, de la danza.

Consecuentemente, plantear esta dimensión de análisis conduce a identificar los elementos no terapéuticos y efectos adversos potencialmente involucrados en la práctica de la danza.

5.1. OBJETIVO GENERAL DE INVESTIGACIÓN

Identificar las características de mediación del conflicto psíquico y social presentes en la danza en una población de bailarines jóvenes de Italia, España y Colombia.

5.2. OBJETIVOS ESPECÍFICOS:

1. Identificar las características psicoterapéuticas o de mediación del conflicto psíquico, presentes en la danza en una población de bailarines jóvenes de Italia, España y Colombia (no expuestos a la condición de pandillas juveniles).
2. Evaluar el efecto de la práctica de la danza en la ansiedad-estado, depresión-estado y rasgo en jóvenes practicantes y no practicantes de danza de Italia, España y Colombia (no expuestos a la condición de grupos juveniles).

3. Identificar las características terapéuticas o de mediación del conflicto social presentes en la danza en una población de bailarines jóvenes de Colombia antiguamente vinculados o expuestos a la condición de grupos juveniles.

4. Identificar las características no terapéuticas presentes en la danza en una población de bailarines jóvenes de Italia, España y Colombia (no pertenecientes a pandillas juveniles).

5. Identificar las características no terapéuticas presentes en la danza en una población de bailarines jóvenes de Colombia antiguamente vinculados o expuestos a la condición de pandillas juveniles.

5.3. ASPECTOS ADICIONALES DE LA DANZA COMO MEDIADORA DEL CONFLICTO PSÍQUICO Y SOCIAL

A) Conflicto Psíquico

Dentro del recorrido teórico que realizan Thouzard (1980), Kaplan (2004) y Ossa (2017), identifican el Psicoanálisis como parte de las teorías psicológicas que explican el conflicto como resultado de procesos endógenos. Esta teoría plantea la agresividad y el conflicto como procesos de tensión constitutivos e inherentes a las relaciones sociales. La teoría freudiana explica la tensión inherente a los mecanismos y estructura psíquica subjetiva a partir del funcionamiento diferenciado pero interdependiente de las pulsiones instintivas. La estructura psíquica se compone por pulsiones de vida y de muerte, la primera tipología refiere a la sexualidad y los mecanismos de auto conservación del Yo que procura el sistema para sí. Mientras que las pulsiones de muerte refieren a todo aquello que implica lo inmóvil e inanimado.

El conflicto psíquico representa la ambivalencia entre pulsiones de vida y de muerte, lógica bajo la cual se configuran los diálogos de amor (Kaplan, 2004 y Ossa, 2017) en los que se debate el adolescente. Kaplan (2004, citado en Arcila, 2014) refiere a los diálogos de amor que se construyen en medio del gran debate entre el deseo y la autoridad durante la adolescencia como eje fundamental del proceso de desarrollo humano. Las relaciones entre autoridad y el deseo representan el interludio donde es posible identificar una lógica de operación temporal correspondiente a la dinámica psíquica adolescente; así, una *"explosión de crecimiento que impulsa al adolescente hacia el futuro. Una ola de fresca vitalidad que expande cada uno de sus apetitos e intereses franqueará las estructuras del pasado, abriendo el camino a nuevas soluciones"* chocará simultáneamente con una tendencia regresiva en el adolescente, la nostalgia por los vínculos primarios de la infancia desde la cual el joven se ve *"arrastrado hacia atrás, a lo que fue en un tiempo. La primera infancia no aceptará ser descartada. Impondrá sus arcaicos deseos y exigirá que estos continúen gobernando"* (Kaplan, 2004).

El presente, articulado en la praxis no sólo configura el único espacio de mediación de la tensión que el proceso de cambio adolescente implica, sino que también, se articula con un conjunto de lógicas intersubjetivas que procurarán determinadas formas de expresión de dicha tensión. Kaplan (2004 citado en Arcila, 2014) postula entonces la diferenciación entre temporalidad lógica y cronológica, de modo que la primera articula la dimensión psíquica, mientras que la última refiere a la dimensión socialmente establecida que identifica la adolescencia y juventud como periodos biológicos y socialmente definidos.

El presente como tiempo privilegiado de acción y operación del adolescente es reforzado no sólo el debate psíquico entre autoridad y deseo de la adolescencia. Sino también por la temporalidad cronológica, según la cual la forma como se establecen vínculos en el contexto de la comuna 20 de Cali se encuentra estrechamente ligado a situaciones de marginación social y pobreza. En este sentido, el mañana aparece como un espacio frustrante y amenazante, muchos de los jóvenes viven la lógica del "día a día" por cuestiones de supervivencia. En este aspecto, el grupo de formadores de Multipropaz reconoce que los muchachos del grupo de constructores de paz difícilmente trabajan en actividades en la parte de planeación y organización, estos se vinculan mucho más a partir del hacer, en medio de la participación activa que propone el grupo de salsa de Multipropaz.

Entonces, ¿Cómo operan tales lógicas del conflicto social y subjetivo como elementos que media Multipropaz?

Multipropaz es un espacio donde la danza constituye un espacio de mediación efectiva del conflicto ciudadano, escolar y social al influir sobre los procesos de alienación social que se debaten entre el sistema educativo y laboral en los jóvenes del contexto de la Comuna 20 de Cali y los encuentros y desencuentros que articula la filosofía educativa y el sistema pedagógico con otro tipo de racionalidades relativas a los procesos de enseñanza-aprendizaje. La primera afirmación, se encuentra directamente vinculada con la construcción de las identidades negativas que tienen los jóvenes de Multipropósito.

Estas identidades, aunque son reducidas por los Otros a lo violento y destructivo; presentan también un correlato y refiere a la presencia diferenciada que ha tenido el Estado en las zonas de ladera de la ciudad. En este sentido Multipropaz actúa como válvula de seguridad en tanto cobra efecto sobre las dimensiones simbólicas y materiales que configuran un estado de exclusión social para los jóvenes de Multipropósito. Por un lado, les permite la afirmación de una identidad y reconocimiento de sí mismos de forma positiva, pero por otra parte plantea un espacio desde el cual para los jóvenes es posible vincularse a espacios institucionales a nivel laboral y educativo que sin la mediación de la imagen del grupo de baile de Multipropaz difícilmente habrían podido acceder; como el acceso al sistema de educación superior y a condiciones laborales no alienantes.

Es en medio de la configuración de tales lógicas como Multipropaz no sólo oferta talleres, sino nuevas identidades y con ellas la posibilidad de nuevas trayectorias de vida para los jóvenes. Es así como los muchachos reiteradamente establecen la comparación entre la pandilla y Multipropaz. En este sentido, Multipropaz opera como una pandilla sólo que la pandilla da armas y Multipropaz salsa, arte, emisora. La pandilla aparece como un espacio para obtener trabajo, reconocimiento, pertenencia a un grupo, cohesión social y el poder en manos de los jóvenes; elementos también presentes en Multipropaz. Sin embargo, los jóvenes reconocen que Multipropaz oferta algo totalmente distinto puesto que la vida en la pandilla sólo trae dos alternativas: la muerte o la prisión. Multipropaz abre posibilidades a "futuro" a través de la redefinición y la configuración de nuevas identidades que pasan por el reconocimiento positivo y la afirmación de la estima en los jóvenes.

De esta forma, el joven en Multipropaz desarrolla un trabajo que implica la disposición de tiempo y esfuerzo a través de la cual se autorrealiza. La actividad del joven Multipropaz le significa ganancias subjetivas en la medica en que el objeto de su trabajo le permite conocerse a sí mismo, establecer relaciones de convivencia, capacitarse en áreas de su interés, un espacio para desestresarse y meditar sobre sus problemas personales; entre otras cosas.

Esta forma de trabajo no alienado al interior de Multipropaz, así como también todo el conjunto de espacios de participación por fuera de la institución que el grupo de convivencia oferta al joven plantea la generación de nuevos campos instituidos de desarrollo para el joven de la comuna 20, los cuales trascienden las posibilidades de acción que su contexto social le oferta.

Este elemento no sólo plantea un espacio de resolución de conflictos subjetivos para el joven, sino que también configura una nueva forma de percibir e involucrarse en las actividades productivas. Los jóvenes de Siloé no presentan un acceso a muchos campos educativos y laborales los cuales influirán o impactarán las posibilidades o el campo de acción que tengan en su futuro.

Esta lógica excluyente, plantea la vía de estudios superiores como campo inasequible y el trabajo como posibilidad de difícil acceso y que se presentará en condiciones sumamente alienantes, cuyo fin central girará en torno a recibir un salario. Y no significa esto que los habitantes no valoren el salario que reciben, puesto que continúan en la lógica alienante del proceso laboral debido a las necesidades que enfrentan y las condiciones injustas a nivel estructural que hacen de este estado un circulo infinito.

Los muchachos de Multipropaz reconocen dentro de sus trayectorias de vida dos que son decisivas en cuanto a la forma como construyen sus vidas y que se encuentra íntimamente ligada con la "imagen" que de Siloé ha sido construida: una de ellas es la pandilla de barrio y la otra Multipropaz. Dan cuenta que el trabajo de pandilla les permite acceder a un trabajo en condiciones no tan alienadas, en pocas palabras es dinero que implica esfuerzo, pero a la vez presenta ganancias secundarias como reconocimiento, riesgo, tener novias. Pero dicen que en Multipropaz aprenden a leer sus necesidades de forma diferente, aprender a "valorar sus sueños" puesto que la lógica del contexto lo que demanda de ellos es responsabilidad leída como conseguir dinero, plata para mejorar las condiciones sociales en las cuales viven.

Sin embargo, en Multipropaz los jóvenes aprenden a leer su identidad no de forma negativa, como algo que se debe anular (tener dinero en oposición a poseerlo) sino que es posible transformar a partir del autoconocimiento, del reconocimiento de sí mismos, de modo que reconocerse y valorar sus propios deseos subjetivos resulta una forma de reconstruir sus propias identidades, pero también la forma como cotidianamente son leídos por los Otros (gente que no vive en Siloé) y hacer a la vez del proceso de trabajo una práctica de autorrealización, que se hace grata y enriquece la capacidad creativa de los jóvenes y que además significa una forma mucho menos brusca para hacer el tránsito de ese mundo joven al mundo adulto. De esta forma, el tránsito se hace por la vía del ser y no del deber ser, un deber ser que es ajeno a la subjetividad y que ha sido instaurado por la exclusión que procura el estado.

B) Conflicto y convivencia

"La comunidad se llenó de un pensamiento tan tenaz, pero un pensamiento horrible de que vos me miras así y yo te voy a acuchillar y qué pasa que aquí hay alguien que va caminando por la calle y si mira a alguien de la comunidad así, ese de la comunidad va salir corriendo detrás de ti a meterte chuzón porque lo miraste así, y a quien le echan la culpa porque tiene un uniforme, al de Multipropósito: "ah, ese tipo es de un colegio, el chico es de un colegio y mire lo que hace(...)" (EP; Comunicación personal, 2010)

Este es uno de los múltiples relatos que realiza uno de los estudiantes del colegio Multipropósito cuando da cuenta de la cotidianidad de los jóvenes de la institución educativa y de la comuna

20. El relato del joven permite dar cuenta de las dimensiones del conflicto que se movilizan en medio del territorio social y que inciden en dimensiones globales, regionales y locales, dentro de las cuales está inserta la población escolar joven de Cali.

En esta medida, la propuesta de Coser (1961 citado en Weisiger, 2018) retomará la idea de que las relaciones sociales fluyen en medio de procesos de armonía y desarmonía social para reconocer el papel o función positiva del conflicto como elemento sustancial de socialización que permite la conformación de grupos y procura a la vez la cohesión social. Es decir, el conflicto como elemento que cumple un conjunto de funciones cohesionadoras y ordenadoras de las relaciones sociales y que permiten la configuración de identidades grupales.

Entenderemos por conflicto todo proceso de tensión inherente al encuentro con el otro, y por lo tanto constitutivo de las relaciones sociales, el cual permite el reconocimiento y estructuración de las fronteras de grupo por medio del fortalecimiento del sistema ideológico, la construcción y solidificación de normas y el establecimiento de relaciones de poder equilibradas. Así como el desarrollo de procesos instituidos que operan a modo de válvulas de seguridad, cuya función consiste en fortalecer la cohesión grupal.

En la institución educativa Multipropósito los jóvenes y maestros reconocen un estado de discordia o tensión a nivel interno y externo y la fuerza que tal estado toma cuando no hace presencia el grupo de danza de Multipropaz con cada una de sus actividades culturales.

Sin embargo, no todo conflicto desencadena en violencia; esta última es solamente una de las formas como puede ser resuelto un conflicto. Pero existen otras formas de expresión que son mucho más creativas o que cumplen un conjunto de funciones positivas para la sociedad. Un ejemplo claro se encuentra en el arte, donde la agresión es la fuerza principal que orienta la acción humana hacia la transformación y la creación de nuevas realidades.

Dentro del proceso de resolución de conflictos los jóvenes de la institución reconocen el impacto efectivo y sostenible que ha tenido la participación de Multipropaz en Multipropósito. Tal y como expone uno de los estudiantes no participantes del proyecto *"cuando yo entré a este colegio verdad sí había una agresividad muy alta, los compañeros se tiraban entre sí, ya cuando empezó a surgir lo de Multipropaz como que ya empezaron los conflictos hacia un lado, ya veían cómo esa persona que gritaba -ya no gritaba- sino que daba como ejemplo para que los demás estuvieran callados a atendiendo a los mismos a los compañeros"* (EP, Comunicación personal, 2010)

Este proceso cobra además un impacto en la subjetividad de los jóvenes, pero igualmente en la identidad institucional del colegio, en las familias, en el barrio y en los escenarios de vida cotidiana de los muchachos puesto que la participación en Multipropaz genera nuevos significados, símbolos y códigos que operan como herramientas para que el joven lea y sea leído. Encrucijada en la cual los jóvenes aceptan sus condiciones sociales, pero reivindican el hecho de que deben ser reconocidos también como ciudadanos, parte integrante de Cali; como *"figuras públicas, con visibilidad social"* (EP; Comunicación personal, 2010)

Es necesario comprender el conflicto como elemento que se moviliza no sólo en el ámbito social de los jóvenes, sino que es constitutivo del ser humano y que en el caso de los estudiantes de Multipropaz se identifica en la relación que establecen entre deseo y autoridad como factor crítico durante la adolescencia.

Este reconocimiento permitirá identificar la violencia y la agresividad como elementos claves y diferentes de la noción de conflicto en el proceso de mediación. El conflicto es inherente al encuentro con el otro; el cual, a nivel subjetivo articula la crisis en tanto la adolescencia representa un tiempo de cambios drásticos a nivel fisiológico, identitario, cognitivo y emocional.

5.4. EFECTOS PSICOTERAPÉUTICOS DE LA DANZA EN RELACIÓN A LOS OBJETIVOS PLANTEADOS

Muchos son los beneficios que la danza aporta a sus practicantes. A lo largo de este apartado, vamos a discutir los efectos psíquicos de la danza, de manera que esto nos genere un conflicto psíquico, aportando una visión mucho más científica que en el apartado anterior. Estableceremos una relación de estos beneficios junto con los objetivos que hemos comentado anteriormente.

A) <u>Objetivo 1</u>: Identificar las características psicoterapéuticas o de mediación del conflicto psíquico, presentes en la danza en una población de bailarines jóvenes de Italia, España y Colombia (no expuestos a la condición de pandillas juveniles).

La danza con fines psicoterapéuticos

En el discurso de los jóvenes es posible identificar algunos elementos que tienen en común las psicoterapias empleadas para llevar a cabo tratamientos de psicopatologías comunes, con la práctica de la danza: Apoyo social, un proceso de resolución de problemas generar afecto, vincular el afecto con los eventos e identificación de pensamientos. Y a nivel metodológico usa como mínimo: un elemento conductual, interpersonal y emocional, un elemento cognitivo (Singla et al., 2017).

El impacto en la dimensión social y la posibilidad de externalización de estados subjetivos, así como también la capacidad semántica y la relación del movimiento con las emociones, son características pertenecientes al procesamiento cognitivo de tipo "privado" y "abierto" mencionado por Llinás (2003) y evaluado anteriormente en el discurso de los jóvenes bailarines como un elemento de carácter recurrente. Dichas propiedades de la danza le permiten semejarse a nivel de contenido y de método a los elementos terapéuticos que se ponen en juego en dinámicas psicoterapéuticas convencionales, es decir, en medio de la relación terapeuta-paciente.

B) <u>Objetivo 2</u>: Evaluar el efecto de la práctica de la danza en la depresión-estado y rasgo en jóvenes practicantes y no practicantes de danza de Italia, España y Colombia (no expuestos a la condición de pandillas juveniles).

La depresión rasgo vs. La depresión estado

El rasgo es la tendencia a comportarse de igual modo ante situaciones diferentes, es un atributo estable de la personalidad, una disposición psicológica duradera. Una persona desordenada pondrá de manifiesto este rasgo de su forma de ser en entornos y momentos variados.

Los rasgos permiten predecir el comportamiento en tanto están asociados al carácter y configuran conductas consistentes en un individuo. Así, tras desarrollar el análisis cuantitativo de los practicantes de danza con respecto a los no practicantes, se observa que la práctica de la danza se encuentra estrechamente relacionada con el rasgo de depresión, más no con el estado depresivo.

Al comparar estos resultados con las entrevistas realizadas a los jóvenes bailarines de Italia, Colombia (no pertenecientes a Multipropaz) y España, se percibe que la expresión corporal permite a los jóvenes modular los síntomas asociados al rasgo depresivo. Motivo por el cual, los efectos terapéuticos de su práctica son percibidos especialmente por personas con este rasgo de personalidad. Es decir, aquellos bailarines con carácter de tipo neurótico-depresiva o con tendencia a la depresión como estado continuo de su personalidad pueden percibir mejorías en su estado de salud mental general por medio de la práctica de la danza.

No se evaluaron diferencias por nacionalidad en tanto la muestra era representativa pero no equivalente entre jóvenes de cada nacionalidad. Por otra parte, al observar las trayectorias de vida de los jóvenes de Colombia, Italia y España se percibe que la danza para quienes son practicantes tiene un valor esencial como elemento en la construcción de la identidad y subjetividad de los jóvenes, a pesar de que muchos de ellos compartan profesiones paralelas al ejercicio de la danza profesional.

Adicionalmente, para el análisis cuantitativo, al contrastar la información de las entrevistas con las respuestas de las encuestas llevadas a cabo con practicantes y no practicantes de danza, no es posible identificar efectos terapéuticos de la danza en casos de ansiedad. Así, tanto para la ansiedad estado, como para la ansiedad rasgo no se percibe alguna correlación entre las variables de análisis. Este comportamiento de las variables puede comprenderse al estudiar el discurso de los bailarines sobre los efectos negativos asociados a la práctica de la danza. Muchos bailarines afirmaban de forma reiterada que la práctica profesional y continua, los expone a experimentar niveles de ansiedad asociados a la disciplina y la técnica, al desempeño del bailarín en el escenario y al autocuidado de la imagen corporal que supone la puesta en escena.

En la mayoría de los casos los bailarines exigen a su cuerpo en forma, estética y desempeño, ocasionando en algunos casos lesiones. Así también, la exposición ante el público y ante el maestro, el ser evaluado por la mirada de otro, constituye una situación que genera estrés y ansiedad. En síntesis, el baile expone al sujeto a la lectura de sí mismo y de los otros, demandando a su vez cierta destreza o rendimiento que puede generar tensión, factor que se convierte en un elemento contraproducente al intentar emplear la danza como medida psicoterapéutica en psicopatologías comunes como el trastorno o los cuadros de ansiedad.

C) <u>Objetivo 3</u>: Identificar las características terapéuticas o de mediación del conflicto social presentes en la danza en una población de bailarines jóvenes de Colombia antiguamente vinculados o expuestos a la condición de pandillas juveniles.

Identidad, subjetividad y trayectorias de vida

Tras identificar una correlación positiva entre la variable práctica de danza y el rasgo depresivo, la pregunta de análisis central es *¿Qué hace terapéutica la práctica de la danza?* Y concretamente, *¿Qué elementos de la danza permiten modular los síntomas de la depresión?*

Entre los elementos significativos y diferenciadores de la danza con otras disciplinas deportivas y actividades físicas se encuentra la expresión y tres categorías identificadas en el discurso de los practicantes de danza, nominadas como: *identidad o comunidad, confrontación, resignificación y autorregulación y reconocimiento de límites.* La corporalidad y el sentido de identidad, de pertenecer a un grupo o comunidad con intereses afines es relevante para los jóvenes practicantes, tanto para los jóvenes en condición de vulnerabilidad del grupo de pandilla, como para los jóvenes de Italia, España y Colombia (no pertenecientes a Multipropaz); danzar ampliaba su identidad individual, dotándola de un sentido comunitario. Bailar los hacía pertenecer a una comunidad artística, asociada al baile. Y significar con un nuevo sentido, como consecuencia, su identidad.

Así, los jóvenes de Pandilla dejaban de ser reconocidos por sus pares y por la ciudadanía a través del lente de categorías sociales asociadas a la muerte, la delincuencia, la ilegalidad o "la pandilla", es decir, dejaban de ser nombrados como "Multigamín" para ser jóvenes de "Multipropaz". En el mundo urbano y de las pandillas, pasaban a ser vistos como *pandilleros* a identificarse como *jóvenes constructores de paz,* o como ellos mismos dicen, dejaban las armas por el arte y el baile:

"Las pandillas sólo ofrecen las armas y las drogas, y Multipropaz ofrece la rumba con la salsa" (JP, Comunicación personal, 2010)

Aprender haciendo

La danza tiene como naturaleza una forma de aprender sobre sí mismo y los otros, es un conocimiento que además de tener instrucción se construye en la praxis.

La metodología de aprendizaje "aprender haciendo" es una práctica que acoge a los jóvenes y rescata la naturaleza del conflicto. En este sentido, la posibilidad de aprender a partir de la experiencia permite al joven vivir el aprendizaje y participar en actividades que reafirman su subjetividad en tiempo presente.

Cada una de las actividades que se orientan sobre la corporalidad, los talleres que oferta Multipropaz y la modalidad de aprender por medio del campo empírico plantea una experiencia mucho más cercana al adolescente para quien el pasado representa la infancia pérdida por la cual está en duelo y el futuro aparece como la figura del adulto como nueva identidad que la sociedad le oferta, pero ante la cual el joven debe elegir cómo posicionarse.

En este sentido, fue posible observar durante el trabajo de campo la forma como los jóvenes de Multipropaz operaban y se organizaban en el desarrollo de ciertas actividades complementarias al baile, privilegiando el "hacer" como espacio que se desarrolla en el presente.

Tal interés por el hacer, da cuenta de la forma como los adolescentes optan por operar en el tiempo presente como parte del conflicto subjetivo que experimentan, esta temporalidad es la que Ossa (2017) refiriendo a la teoría freudiana mencionada por Kaplan, identifica como parte del tiempo lógico o psicológico, el cual se encuentra conformado por "la constitución de las estructuras psíquicas y la resignificación, el tiempo de la repetición de las estructuras edípicas y arcaicas, estas últimas relacionadas con la constitución del narcicismo primario y el sentimiento de sí" (Kaplan, 2004: 7)

La pedagogía tradicional recurre a herramientas que involucran la abstracción y el uso de teorías para comprender la realidad que viven los jóvenes. Sin embargo, Multipropaz emplea el aprendizaje a través del hacer por medio de talleres, dinámicas y elementos lúdicos que hacen significativos los conocimientos en tanto les otorgan forma y sentido en el presente.

Esta característica hace que el aprendizaje cobre pertinencia en la medida en que es familiar a las formas convencionales con las cuales el ser humano se aproxima a la realidad, es decir, a través de un proceso inductivo en el cual el adolescente encuentra un espacio para resolver sus conflictos subjetivos a través del reconocimiento y aprendizaje sobre sí mismo y su contexto.

De igual forma, el grupo de salsa de Multipropaz procura vincular cada una de las actividades que desarrolla con el contexto de la comuna 20 de Cali, en la cual vive la mayoría de los estudiantes de Multipropósito. Así, el aprendizaje desde la danza y la corporalidad surge como vía para conocer e intervenir activamente sobre su contexto e historia.

Trabajo no alienado y subjetividad

El grupo de salsa de Multipropaz tiene como característica el hecho de tener un docente que hace parte de la comunidad de Siloé, así como también el ser de acceso gratuito para los jóvenes de la institución educativa de Multipropósito y no tener ningún requisito de acceso adicional a la voluntad de aprender a bailar. Cada una de las responsabilidades dentro del grupo de salsa son asignadas tomando como criterio central el interés y motivación del joven.

Esta variable es de relevancia para los jóvenes bailarines puesto que la vinculación de su deseo y el reconocimiento de su particularidad es un campo comúnmente opacado en las escuelas de baile. El grupo de Multipropaz plantea así el reconocimiento de los gustos y preferencias particulares del joven en la medida en que éste es capaz de asumir una responsabilidad dentro del grupo.

Si consideramos por trabajo alienado aquellas actividades caracterizadas porque "el poder social, o sea, la fuerza productiva multiplicada que resulta de la cooperación de diferentes individuos y que está determinadas por la división del trabajo, aparece ante estos individuos, puesto que su cooperación no es voluntaria sino natural, no como su poder unificado, sino como una fuerza ajena que existe fuera de ellos, cuyo origen y propósito ignoran, y que por lo tanto no pueden controlar, sino que por el contrario, pasa a través de su propia serie de fases y etapas de poder, independientemente de la voluntad y la acción del hombre, y parece incluso gobernar su voluntad y sus acciones" (Israel citando a Marx; 1988, p.15)

Encontramos que la metodología de trabajo del grupo de salsa se fundamenta en la autorrealización subjetiva en tanto plantea la fuerza productiva del sujeto como un poder unificado mediante su cooperación voluntaria dentro del grupo Multipropaz a través del arte.

El trabajo o actividad productiva no aparece como una fuerza ajena que está totalmente determinada por las posibilidades que el contexto socioeconómico propone para la población de la comuna

20, sino que a través de las diversas trayectorias que ofrece Multipropaz y debido a la forma como rescata los intereses particulares de los jóvenes se convierte en un instrumento para comunicar y transformar la identidad del adolescente y la de la comuna como imaginario de violencia.

Desde el momento en que el joven se dispone a ingresar a Multipropaz empieza a establecer una relación dialógica con la autoridad y el deseo, elementos que simbolizan el debate fundamental de la vida del adolescente (Ossa, 2017)

La vida cotidiana se configura a partir del espacio-tiempo como referente central, y la temporalidad de los jóvenes incide de forma significativa en la manera como construyen sus identidades. El debate de la adolescencia se mueve sobre un mismo eje: el tiempo. Kaplan reconoce dos tipos de tiempo: el cronológico y el psicológico. En esta medida los adolescentes a traviesan un cambio drástico a nivel de cada uno de estos tiempos de forma casi simultánea.

En esta medida el valor de la danza en Multipropaz reside en su capacidad de generar propuestas desde las cuales se abarquen y adapten al proceso de construcción de los jóvenes estas dos temporalidades; haciendo de la experiencia en el grupo un proceso particular, no estandarizado.

La manera como Multipropaz motiva de forma voluntaria a cada uno de estos jóvenes y hace que estos estudien de forma autónoma, reside no sólo en este tipo de temporalidad, sino también en que la metodología de aprendizaje se basa en la lógica del "hacer" la cual privilegia el tiempo presente y rompe de forma drástica con el proceso tradicional-formal a partir del cual se enseña en la escuela que privilegia la racionalidad de la modernidad. Esta lógica da cuenta de otro tipo de racionalidad que se encuentra atravesada por la praxis, y cuyo valor reside en el tiempo en el cual se construye, pero también en la pertinencia de este tipo de aprendizaje con relación al contexto y a las demandas respecto a las cuales la escuela responde: condiciones sociodemográficas de exclusión y pobreza hacen menos agresivo vivir el día, porque el mañana y el otro representan una amenaza para la vida personal.

En esta medida es como la lógica del "par" funciona, no sólo porque es alguien cercano, familiar, sino porque es alguien que se encuentra inserto en una misma red de significados desde los cuales le es posible decodificar el mundo: uno de ellos se encuentra a nivel social: el conflicto aunque se ha naturalizado, los muchachos reconocen la forma de identificarlo y nombrarlo; ser adolescente te posiciona en un mundo cotidiano de vida que se hace con los contemporáneos de modo que ciertas representaciones sociales y maneras de apreciar el mundo de vida permiten hacer otras lecturas que escapan a generaciones adultas o al grupo de maestros y madres de familia.

Este proceso de aprendizaje que rescata la lógica del par fue propuesto por plan internacional bajo el nombre de "aprender haciendo". Toma significatividad y pertinencia porque se encuentra íntimamente relacionada con la construcción y descubrimiento de la identidad de los jóvenes: su barrio, su cuadra, su familia, su escuela, su trabajo. Pero en esta medida los jóvenes no presentan proyectos de vida, como algo precisado, planeado, mesurado, sino que es algo que se construye y descubre en el camino, en el andar, en el hacer y que difícilmente es estático, sino que permanece en continua reelaboración y resignificación.

Trayectorias juveniles

La participación en danza permite al joven la construcción y vivencia de nuevas trayectorias juveniles, este proceso da cuenta de la cualidad creativa que articula el conflicto en la medida en que ante la presencia de situaciones hostiles la sociedad teje de forma autónoma redes o espacios de mediación, como el del grupo de salsa de Multipropaz, que plantean un nuevo campo instituido desde el que se redefinen las identidades de los jóvenes.

El trabajo no alienado entre los jóvenes bailarines de Multipropaz dota de un conjunto de herramientas a los jóvenes para posicionarse con respecto al mundo laboral, de manera que muchos de los estudiantes de Multipropósito desarrollan capacidades que tienen como motivación coyuntural sus intereses personales; permitiendo así, para su futuro la posibilidad de vincularse al mundo adulto en condiciones que procuren para su subjetividad un estado menos alienante.

Al considerar las alternativas que la población joven de la comuna 20 de Cali tiene en términos laborales, es difícil encontrar alguna opción que permita la autorrealización del sujeto a través del proceso creativo. En el contexto de esta comuna los jóvenes difícilmente pueden acceder a estudios universitarios, sólo unos cuantos ingresan a la formación técnica o tecnológica. A los estudiantes de este sector de la ciudad sus maestros no les hablan de la universidad como opción, dando cuenta desde el discurso institucional de la brecha educativa que acoge el sector de ladera de la ciudad.

Desde esta lógica las trayectorias alternativas con las que cuentan los jóvenes de Multipropaz se encuentra determinada por el espacio socialmente instituido, de modo que "La opción por una modalidad no es, por tanto, un dilema que en la práctica se presente a quienes asisten al sistema particular de educación, sino que permanece reservada —principalmente— para quienes asisten a los establecimientos municipalizados. A esto seguramente se refería Bourdieu cuando decía que una de las funciones básicas de todo sistema escolar es «regular las expectativas» de los estudiantes (Bourdieu y Passeron, 2003, citados en Cerbino, 2004).

Asociadas con estas características sociodemográficas, ser joven en la comuna 20 de Cali presenta un conjunto de trayectorias juveniles limitado: la pandilla, Multipropaz, el trabajo informal y otras opciones como el deporte, la religión; entre otras.

Sin embargo, estas trayectorias podrían ser leídas bajo dos elementos estructurales como aquellas que procuran la alienación del sujeto a partir del trabajo y las que no. Dentro de las primeras se ubica Salsa-Multipropaz o "pandilla buena", la pandilla o "Multigamín" y como parte del trabajo alienado está la actividad laboral de tipo informal y todo tipo de trayectorias que opacan el interés subjetivo para privilegiar solamente el desarrollo de una función social.

La primera de las trayectorias denotada como "Multigamín o pandilla" articula características semejantes a las que presenta el grupo de salsa de Multipropaz o "Pandilla buena". Ambas trayectorias juveniles plantean la posibilidad de desarrollar un trabajo remunerado, en el cual el sujeto vive una relación particular con la autoridad, mientras a la vez obtiene reconocimiento, poder, prestigio social ante sus pares, configura una identidad a partir del grupo y moviliza acciones a través del hacer Sin embargo, la pandilla presenta como elemento diferenciador el tipo de actividades que realiza, las cuales pertenecen a lo ilegal y socialmente deslegitimado.

Es necesario caracterizar ambas trayectorias prescindiendo de la lectura dicotómica que las concibe desde la legalidad/ilegalidad, puesto que lo que interesa es comprender la forma como el joven se vincula con los otros y la forma como diferentes trayectorias pueden ser hasta cierto punto no tan distantes.

Sin embargo, aunque ambas trayectorias juveniles procuran el enriquecimiento subjetivo a través del desarrollo de una actividad creativa, en Multipropaz la relación con la autoridad a diferencia de la pandilla pretende ser dialógica, en la medida en que su objetivo no es fomentar la competitividad como fin central de la participación en el grupo, sino que se otorga mayor relevancia a metas grupales.

En este aspecto, la posibilidad creativa del baile en Multipropaz promueve el liderazgo joven, pero a través del apoyo de un grupo de maestros acompañantes que moderan el proceso y representan el recurso primario de los jóvenes para el desarrollo de las actividades.

Por otra parte, el poder y prestigio social o reconocimiento que el joven adquiere een Multipropaz plantea como aspecto positivo central la deconfiguración de un imaginario fuertemente arraigado sobre la comuna 20 de la ciudad, que se asocia con la violencia.

Los jóvenes de la pandilla se integran a la sociedad a través de la afirmación de esta identidad-imagen que el resto de la ciudad ha creado del sector de Siloé. Desde esta trayectoria se consolida la imagen de "Multigamines" creada por algunos estudiantes de escuelas diferentes a Multipropósito.

El proyecto de salsa de Multipropaz presenta como eje coyuntural que arraiga a los muchachos la posibilidad de transformar imaginarios y redefinir sus identidades a través del arte. El campo artístico y del baile proporciona una nueva identidad a los jóvenes desde la cual el cambio aparece como destrucción creadora.

Así, en la medida en que las trayectorias se construyen en función de las variaciones en los niveles de los capitales que registra un individuo o un grupo de individuos en un lapso de tiempo. La inclusión o participación del joven en nuevas trayectorias se encontrará marcada tanto por una nueva posición del individuo en el espacio. Y las dimensiones de ese «espacio social», (cf. Bourdieu, 1988 citado en Cerbino, 2004), deben corresponder a los factores que más determinan la estructura que adquiere un sistema de distribución social de posiciones, o de «capitales».

En este sentido, la danza como competencia o destreza oferta nuevas trayectorias que se movilizan en el campo artístico, un capital cultural que plantea para los jóvenes la opción de articular la subjetividad con un rol social determinado.

Tales trayectorias, sin embargo, se movilizan a través del conflicto propio de la tensión que genera para los mismos jóvenes y maestros encontrarse con otro que ha sido caracterizado como joven de Siloé. Es decir, el muchacho de la pandilla, que se encuentra inmerso en robos, drogadicción, asesinatos y actividades de tipo ilegal. O el imaginario de la joven que está estrechamente vinculado al embarazo precoz, la pobreza y novia de un jefe de pandilla.

El conflicto vivido por los jóvenes de la comuna 20 de Cali refiere a ese encuentro con el otro, encuentro mediado por un conjunto de representaciones que lo hacen una figura amenazante, el otro como un actor potencial para infringir daño. En este punto es necesario diferenciar entre violencia y conflicto (Coser, 1961 citado en Weisiger, 2018) la violencia es la traducción de una situación o estado de tensión en formas de expresión agresivas que procuran la destrucción del otro; sin embargo, el conflicto atraviesa toda relación o vínculo social como encuentro con aquello novedoso, lo que es poco familiar, denotado como "otro".

Aunque en la comuna 20 de Cali existen redes de solidaridad y formas fuertes de convivencia, también operan formas violentas en las relaciones sociales que son fortalecidas por el imaginario que a nivel de la ciudad ha sido atribuido a este sector de Cali. En este sentido el Otro que permite instaurar y consolidar las fronteras de grupo, es un otro imaginario, que ha leído a la población de ladera de la comuna 20 como un espacio inexistente, como no-ciudad –Cali es Cali, lo demás es loma- y que cuando lo identifica, procura un calificativo negativo, despectivo asociado a lo violento y degradado.

Es dicha tensión que se vive a nivel interno y externo del grupo la cual operará como mecanismo de comunicación y conexión entre los elementos del sistema; de modo que el enfrentamiento será la vía que permitirá la configuración y conservación de una identidad, así como también la diferenciación de las fronteras grupales.

Dicha construcción de la figura de un otro "externo" permitirá la caracterización particular de la estructura intragrupal de Multipropósito y del grupo de salsa en Multipropaz a partir del reconocimiento del conjunto de roles y funciones que la constituyen. Sin embargo, tales vínculos serán protegidos por una serie de mecanismos que operan a modo de válvulas de seguridad con el fin de mantener la existencia del grupo.

Es así como el grupo de jóvenes opera a modo de válvula de seguridad (Coser, 1961 citado en Weisiger, 2018) en tanto plantea el arte como medio de expresión de la tensión que viven los jóvenes en su cotidianidad. Mientras que a la vez constituye una vía para transformar las relaciones de poder que se instauran entre ese Otro externo que los califica negativamente como agentes violentos, de modo que ya los jóvenes ya no serán "Multigamines" sino Jóvenes constructores de Paz por medio de la música, la rumba y la salsa. La identificación de un enemigo externo hace que el conflicto escolar manifiesto en el bullying y otras dinámicas como el enfrentamiento entre pandillas dentro de la escuela disminuya debido a que plantea la estructuración y configuración de las estructuras y funciones del grupo en torno a un proceso que responde a un enemigo externo. Y consolida una identidad grupal mucho más fuerte que se sostiene y plantea la dirección de la agresividad bajo otros medios que propone la institución educativa como actividades cuya finalidad es la construcción de nuevas identidades para el grupo Multipropaz. Es esta dimensión, la dimensión objetiva de la cual habla el autor cuando explica la relación entre conflicto e ideología.

El conflicto social vivido por los jóvenes de la comuna 20 de Siloé, en tanto plantea la creación de un proceso instituido para la resolución de conflictos permite la generación de nuevas normas y la redefinición de otras. Coser (1961 citado en Weisiger, 2018) postula que el enfrentamiento entre dos grupos implica la instauración de un sistema mínimo de normatividad que permite regular el curso de las hostilidades. Pero, además, posibilita la limitación y regulación del enemigo, así como también, la transformación o creación de nuevas normas.

Finalmente, en el sector de la comuna 20 de Cali han surgido otro tipo de iniciativas como "Mesa de ladera" y algunos colectivos de arte, ecología o deporte alternativos - que también han apoyado fuertemente la iniciativa del grupo de salsa y otros grupos artísticos de Multipropaz, los cuales surgen como iniciativa de la comunidad y que articulan la función integradora del conflicto, es decir, el conflicto y su reconocimiento como elemento clave en la consolidación de redes de solidaridad a partir de las cuales es posible modificar las relaciones de poder que tradicionalmente se han venido instaurando en un contexto social particular.

En esta medida, la presencia diferenciada del estado pone en cuestionamiento su soberanía, pero a la vez es fuente de otra forma de politización de la sociedad civil que se encuentra en diversas estrategias que empoderan el sector juvenil en el caso de Multipropaz o que permiten la formalización de nuevas formas de participación a nivel local como iniciativas que son reconocidas por el estado y que representan una mayor efectividad. En esta medida, "mesa de ladera" representa una forma de organización comunitaria que surge en respuesta a la poca presencia que el estado tiene en la comuna 20 de Cali, como un medio para organizar y gestionar recursos pero que dan cuenta de otra forma de politización y una de las posibles vías para la resolución de conflictos.

Estas vías simbólicas se pueden hallar en campos legitimados socialmente, es decir, instituidos (Coser, 1961 citado en Weisiger, 2018 que pueden encontrarse en el estado o en espacios menos formales o rígidos como el caso del arte, que había mencionado anteriormente. Multipropaz es un grupo de jóvenes localizado en la comuna 20 de la ciudad que lo que hace es que, a través del arte, la música y la salsa genera nuevas formas de resolución del conflicto escolar seguridad) entre jóvenes y que tiene incidencia en esos espacios de vida cotidiana de los jóvenes.

Los jóvenes pasan de ser reconocidos como "Multigamines" para ser identificados como jóvenes constructores de paz a través de la danza "Multipropaz" un espacio que promueve una imagen social positiva. Este elemento es de gran relevancia puesto que aparece como un proyecto que no sólo los jóvenes de Multipropósito a través del grupo Multipropaz se han propuesto desarrollar, sino que también representa el objetivo central de muchas organizaciones comunitarias que se han desarrollado en la comuna 21, como "mesa de ladera" e igualmente propuestas como pintar el sector de Siloé de blanco con apoyo de la fundación Sidoc, con el fin de ser reconocido como parte de la ciudad.

Multipropaz es un espacio que articula múltiples trayectorias juveniles a partir del arte, propone al joven la salsa como vías instituidas para ir construyendo su trayectoria de vida.

Sin embargo, el análisis de estas trayectorias juveniles en tanto se desarrolla en medio del conflicto debe reconocerlas como espacios que se encuentran en constante cambio, interdependientes y multidimensionales. La primera característica de estas trayectorias da cuenta de la transformación de los espacios instituidos, la subjetividad y la relación entre el sujeto y los procesos instituidos como elementos que influyen directamente en la elección del joven dentro de Multipropaz.

Es necesario aclarar que es posible identificar trayectorias adicionales a los jóvenes de la comuna 20 de Cali, pero que, por su relevancia y recurrencia en el discurso de los jóvenes, la pandilla y Multipropaz aparecen como alternativas centrales. Cada una de las trayectorias es interdependiente en la medida en que se encuentran conectadas y se afectan entre sí. De manera que en la historia de vida del joven es posible que se presenten ciertos puntos de giro en el cual la interacción entre ellas se modifique debido a un cambio en la percepción subjetiva y en el lugar que el joven ocupa en la sociedad.

En este punto se encuentran dos procesos que ocurren dentro de Multipropaz, uno de ellos es cuando un joven deja la camiseta y decide salirse del grupo, y el otro de ellos es cuando el joven que estaba en la pandilla decide ingresar a Multipropaz o viceversa.

Estas trayectorias son multidimensionales puesto que cobran efectos en distintos ámbitos de la vida del joven. En este sentido, dentro de una misma trayectoria es posible observar diferentes formas como el joven se posiciona.

Cada una de estas características de cuenta que las trayectorias deben ser comprendidas como procesos y no como estados, puesto que no presentan una linealidad, ni tampoco un propósito fijo. En este sentido es como abordar las identidades juveniles bajo el rótulo de "proyecto de vida" resulta una perspectiva de análisis limitante.

Los jóvenes bailarines de Multipropaz no elaboran un proyecto para su vida, como algo sistemático, metódico, controlado o invariable. El lugar que ocupan dentro del grupo, así como también las elecciones que toman se encuentran motivadas por el interés personal y por situaciones del contexto que los jóvenes no controlan, y que por la modalidad de aprendizaje que privilegian "aprender haciendo", la realidad tanto subjetiva como social constituye un espacio de descubrimiento constante que incide en el curso que la biografía del joven tomará.

Las identidades y trayectorias juveniles se construyen en medio del conflicto y en la medida en que el contexto (institucional escolar, familiar, laboral) lo reconoce es posible empezar a establecer otra forma de resolverlo distinta a la violencia.

El papel del cerebro en la danza o cómo lo biológico influye en el comportamiento social y el movimiento

Entre los beneficios asociados a la salud mental, muchos bailarines mencionan el fortalecimiento de la memoria (Niedenthal, Winkielman, Modillon, y Vermeulen, 2009; Seligman y Brown, 2010 citados en Kawano, 2018) y la posibilidad de comprenderse a sí mismos, sus emociones y sus estados subjetivos por medio de la expresión corporal, tesis sustentada por la neurociencia al evaluar la relevancia del movimiento y el cuerpo en procesos cognitivos.

Estos procesos de la función cerebral pertenecen al procesamiento "privado" (Llinás, 2003), la danza es capaz, de movilizar procesos de esta naturaleza a nivel de la función cerebral, pero tiene la posibilidad de modular el procesamiento cerebral "privado" por completo, en tanto la danza vincula elementos simbólicos asociados al lenguaje corporal en medio de los cuales, se pone en juego la capacidad semántica Llinás (2003, citado en Arrizabalaga y Velasco, 2018) del sujeto y su subjetividad. Así, dentro de la categoría de análisis "aprendizaje sobre sí mismo", "aprender haciendo" e "identidad", es posible encontrar una alta recurrencia en el discurso tanto de jóvenes en condición de alta vulnerabilidad social (Multipropaz) como en jóvenes practicantes, lejanos a condiciones sociales altamente violentas.

Al revisar el procesamiento "abierto" Llinás (2003, citado en Arrizabalaga y Velasco, 2018) de información, encontramos que la danza, por su naturaleza permite a los bailarines poner en relación con el contexto (inmediato, artístico y social) el conjunto de elementos, significados e información que a nivel "privado" recibe su cerebro.

Así, para los jóvenes antiguamente pertenecientes a las pandillas, la danza se convierte en un medio para leerse nuevamente a sí mismos, pero también, para hacer una lectura distinta de su contexto. Se genera una redefinición de la identidad a nivel subjetivo y al mismo tiempo se consolida una percepción diferente del contexto o comunidad en el cual viven los jóvenes, Siloé ya no es un espacio para generar violencia, sino para construir paz.

Esta misma característica se observa en los jóvenes de Italia, España y Colombia (no pertenecientes a Multipropaz) quienes exponen que la posibilidad de expresión de emociones y la experiencia corporal de la danza les ha permitido redefinir sus trayectorias de vida y en otros casos modular algunos de sus comportamientos.

En este punto es necesario recordar que las emociones son resultado evolutivo del movimiento, proceden de un mecanismo llamado interiorización. El movimiento corporal nace en el encéfalo, pasa por el tronco cerebral, la medula espinal y se expresa en forma de movimiento coordinado de los grupos musculares, en función de una intencionalidad.

Llinás (2003) define la interiorización como el proceso de feedback que ocurre entre el movimiento muscular y el cerebro. Y que la cualidad semántica de la danza involucra propiedades asociadas al origen del desarrollo de los estados mentales: el movimiento y la expresión.

Las emociones nacieron y se seleccionaron evolutivamente porque permiten comunicar estados internos: enseñar los dientes, morder, ladrar, gemir o huir de un depredador son emociones en su estado puro. Así, en el discurso de los jóvenes de Italia, España y Colombia la categoría asociada a la posibilidad de expresión resulta reiterativa, en tanto el baile plantea para ellos la posibilidad de comunicar, externalizar y leer estados mentales internos.

De este modo, el baile evidentemente moviliza los cuerpos, pero cognitivamente moviliza emociones, la capacidad semántica y cognoscitiva, genera nuevos estados y esquemas mentales. La danza constituye entonces, psicoterapéuticamente una vía de comprensión del imaginario del paciente, en medio de la cual el imaginario del individuo se moviliza y se genera una posibilidad de cura (Labrèche y Ranger, 2015 citados en Mondolfi y Muneta, 2018).

Autorregulación

Otro de los aspectos que destacan en el discurso de los jóvenes bailarines es el reconocimiento de límites, consigo mismos y con los otros, conducta que se explica por la función de autorregulación (Dieterich, 2017).

Así, afirmaciones como las de Seligman y Brown (2010 citados en Kawano 2018), acerca de que la danza fortalece la función interoceptiva y la autorregulación resultan coherentes al evaluar la conducta social e individual de los jóvenes bailarines. Por una parte, los jóvenes de Multipropaz exponen un reconocimiento de límites a través de lo corporal, asociados a prácticas y conductas de autocuidado y respeto por el otro. Adicionalmente, los jóvenes bailarines de Italia, España y Colombia (no vinculados al grupo de Multipropaz) afirman que la danza les permitió modular algunas conductas asociadas a la toma de decisiones sobre su cuerpo (Autocuidado, hábitos alimenticios) y sobre sus comportamientos sociales, muchos destacan ser más conscientes de sus emociones y estados subjetivos.

El impacto de la práctica de la danza sobre la función de autorregulación es relevante a nivel psicoterapéutico en tanto, diversas psicopatologías pueden ser definidas como disfunciones en uno o más mecanismos de autorregulación (Strauman, 2017).

Por otra parte, el efecto positivo de la danza sobre la depresión rasgo se explica también por la relación que la práctica de danza sostiene en la función autorreguladora, puesto que en psicoterapia de la depresión (Garber, Frankel y Herrington, 2016) gran parte del tratamiento se centra en los pensamientos, sentimientos y conductas de las personas.

Los jóvenes bailarines destacan la importancia del lenguaje corporal de la danza, para ellos constituye un medio de autoexpresión, por medio de esta práctica fortalecen el auto-concepto expresivo, la interacción social y la comunicación intercultural a través del movimiento (Thornquist, 2018).

Corporalidad

La lógica de la corporalidad se hace presente en la modernidad donde lo físico y el presente hacen del cuerpo un aspecto esencial de las prácticas, los discursos y el imaginario contemporáneo (Barbolla, 2009). La corporalidad expone al hombre como unidad de sentido y significado, con potencial expresivo a través de su cuerpo.

Danzar constituye una experiencia social y corporal, en la danza se pone en juego límites e imaginarios entre el yo y los otros a través del cuerpo. Así, muchos jóvenes bailarines del grupo de salsa de Multipropaz o de diversos géneros musicales de España, Italia y Colombia destacan el efecto del baile no sólo en su salud mental, sino también en su salud física. Así como también, mencionan la manera como a través de la danza pudieron empoderar o re-significar aspectos de sus trayectorias de vida asociados a la autopercepción, la manera como percibían sus cuerpos y su carácter. Este patrón de comportamiento sustenta las tesis de autores que han encontrado efectos de la danza en la corporalidad y en la sociabilidad (Lee, Jang, Lee y Hwang, 2015; Bungay y Clift, 2010; Clift, 2012; MacDonald, Kreutz y Mitchell, 2012; Stuckey, y Nobel, 2010 citados en Mondolfi y Muneta, 2018).

El impacto positivo de la danza en la dimensión *corporalidad* es relevante y coherente con los resultados encontrados en el análisis cuantitativo de los datos, los cuales correlacionan la danza con la regulación del rasgo de depresión, en tanto estudios científicos previos han argumentado que en casos de depresión (Boing et al., 2017) y algunos trastornos comunes de la salud mental, es frecuente encontrar que la imagen corporal de algunos pacientes esté fragmentada, distorsionada o tengan una conciencia corporal superficial. Esta percepción positiva del esquema corporal se fortalece tanto en cuadros psicopatológicos como en condiciones de neuroticismo, es decir, en personas que no presentan un cuadro de enfermedad mental (Acevedo, Ortiz y Bolívar, 2017; Pylvänäinen y Lappalainen, 2017; Barnet. Pérez, Cabedo, Oviedo y Guerra, 2016; Shim et al., 2017)

La danza como ritual

Los jóvenes bailarines de Italia, España y Colombia (De Multipropaz y no vinculados a Multipropaz) reconocen el espacio de la danza como un espacio diferente, en el cual se ponen en juego sus emociones, emociones fuertes como la ira o alegría, y destacan la práctica continua de la danza a pesar de tener dificultades con el horario o la disponibilidad de tiempo. La práctica reiterada representa en sus vidas un ritual, algo reiterativo, un espacio en el cual se produce el proceso de resignificación de estados mentales y emociones, mencionados anteriormente (Turner, 1985, citado en Kawano, 2018, p.237).

Los bailarines tanto en condición de vulnerabilidad (antiguos jóvenes vinculados a pandillas en Siloé) como de no vulnerabilidad delictiva, refieren en su discurso continuamente al efecto sobre las áreas afectiva, sensorial y motriz (Seligman y Brown, 2010; Turner, 1985 citados en Kawano, 2018) de la danza.

Tener estándares de comportamiento heredados, algo común a toda la humanidad, implica que los contenidos del inconsciente "no se manifiestan solo en material clínico, sino también en materiales mitológicos y artísticos, y en todas las actividades culturales a través de las cuales el hombre se expresa "(Von Franz, 1964 citado en Farah, 2016, p.419). Su valor radica en que consolida un espacio donde es posible expresar y orientar impulsos de manera positiva, contribuyendo al desarrollo de habilidades sociales y emocionales a través de códigos socialmente aceptados (Panagiotopoulou, 2017).

D) <u>Objetivo 4:</u> Identificar las características no terapéuticas presentes en la danza en una población de bailarines jóvenes de Colombia antiguamente vinculados o expuestos a la condición de pandillas juveniles

Propiedades no psicoterapéuticas de la danza

<u>La danza como práctica artística</u>

En este sentido, es necesario diferenciar entre la danza con fines terapéuticos y la danza como práctica artística. Un elemento recurrente en el discurso de los jóvenes, el cual se identificó además como un factor contraproducente para la salud mental, está asociado al estrés que genera la disciplina asociada al entrenamiento que demanda el arte del baile, así como también, a aspectos propios del arte (presión ante la opinión del público, seguridad, percepción y exigencia personal).

En este sentido, los jóvenes de Multipropaz y los jóvenes de España, Italia y Colombia, reconocen que la necesidad de hacer una "buena puesta en escena" o mejorar su rendimiento como bailarines y en otros casos, el pánico escénico, resultan factores contraproducentes, generadores de ansiedad, tensión y estrés.

Así, en el caso de los jóvenes de Multipropaz es relevante observar también, el valor que otorgan al hecho de que el grupo de salsa es un grupo liderado por pares, por otros jóvenes y no hay un requisito para ingresar, además de la voluntad. De esta manera, la afirmación de Wiedenhofer y Koch (2017) sobre los efectos beneficiosos de la improvisación sobre el estrés y la autoeficacia del cuerpo, son coherentes con la realidad de los bailarines jóvenes de Colombia, Italia y España. Resultados que coinciden con algunos estudios actuales del área de psicología, los cuales enfatizan el valor terapéutico de la posibilidad creativa sobre síntomas como el estrés, la ansiedad y la angustia, como medios de empoderamiento y libertad para el individuo (Lange, Leonhart, Gruber y Koch, 2018).

E) Objetivo 5: Evaluar el efecto de la práctica de la danza en la ansiedad-estado y rasgo en jóvenes practicantes y no practicantes de danza de Italia, España y Colombia (no expuestos a la condición de pandillas juveniles).

Limitaciones del uso psicoterapéutico de la danza

Este diseño de investigación no tiene un alcance suficiente para concluir sobre los efectos psicoterapéuticos en casos de psicopatologías avanzadas o degenerativas, en tanto se estudiaron los síntomas asociados a trastornos comunes de la salud mental.

El análisis del efecto de la danza en psicopatologías avanzadas y degenerativas resulta de valor potencial para el campo psicoterapéutico, en tanto estudios previos han demostrado la ineficiencia (Low et al., 2016; Allet et al., 2017) o el alcance moderado (Bearss, McDonald, Bar t DeSouza, 2017) de la danza en el tratamiento de casos severos.

Identidad, conflicto social y subjetivo

De igual forma, los bailarines de Italia, España y Colombia (No vinculados a Multipropaz), a pesar de no estar vinculados a prácticas delictivas y por lo tanto, a no estar altamente expuestos a una lectura peyorativa de su identidad por parte de la ciudadanía. A nivel subjetivo e identitario se enfrentan a conflictos diversos, asociados a su dimensión más intrapersonal. Muchos de los bailarines destacan el valor de la danza en la mejoría de su *autoestima, salud física* y en su *autopercepción.*

Así, muchos de los practicantes reconocen que la imagen que tenían de su cuerpo, de sí mismos se ha fortalecido gracias a la práctica de la danza, el baile ofrece la posibilidad de expresar, externalizar y leer desde una nueva perspectiva sus emociones, poniendo en escena además la corporalidad, esta combinación entre musicalidad y movimiento constituyen una imagen, cuya naturaleza es muy cercana a los elementos que componen la subjetividad: el lenguaje, la interacción ante la lectura de otro *(público, maestro, comunidad y/o grupo de danza)* y la corporalidad.

Aquí se pone en juego las dos lecturas del conflicto, la lectura subjetiva asociada a la identidad de los jóvenes de Multipropaz como adolescentes y la de los jóvenes de Italia, España y Colombia (No vinculados a Multipropaz) cuya subjetividad es significada nuevamente a partir de otros referentes, percibidos como posibilidad semántica gracias a la danza. Y, por otro lado, la mediación de la violencia, una mediación directa que plantea el baile, la danza como símbolo capaz de traducir el conflicto experimentado por los jóvenes en condición de violencia, como los jóvenes pertenecientes a pandillas o expuestos a este tipo de violencia; en movimiento y expresión artística.

La danza configura entonces un arte de expresión corporal, musical y artística en el cual se puede simbolizar el conflicto subjetivo. El proceso de externalización emocional y cognitivo que plantea permite al individuo movilizar no sólo su cuerpo, sino también la lectura que hace de sí mismo.

Entre otras cosas, al constituir una dinámica de grupo, configura un espacio particular desde el cual se lee la subjetividad en función de los otros. Así, quien se identifica con el poder o con características agresivas en su vida cotidiana, a través del baile puede exponer de forma no agresiva su poder, carácter y rasgos dominantes de una forma socialmente aceptada y sin recurrir a la violencia.

6. Muestra

Esta investigación expone un análisis longitudinal al comparar los discursos de dos poblaciones conformadas por jóvenes practicantes de danza de España, Italia y Colombia.

La primera población está conformada por 31 jóvenes practicantes de danza del grupo de salsa Multipropaz, vinculados a la institución Educativa Multipropósito de la comuna 20 de la ciudad de Cali, Colombia. La mayoría de los cuales, anteriormente estuvieron vinculados a grupos delictivos de pandillas juveniles y/o están expuestos a este tipo de violencia. Estos datos fueron tomados en el año 2010 y constituyen testimonios de jóvenes y maestros, que aún hacen parte o se han beneficiado del proyecto Multipropaz.

La segunda población de análisis está constituida por 50 jóvenes practicantes (59%) y no practicantes de danza (41%), de la región de Extremadura, España; de las ciudades de Turín y Tusa, Italia. Y de las ciudades de Cali, Bogotá y Putumayo, Colombia. Cuyos datos fueron tomados en el año 2017. Practicantes de diversos géneros de danza, entre los cuales es mayoritaria la práctica de danza contemporánea.

A continuación, se exponen datos relevantes asociados a la práctica de la danza en España e Italia y una breve caracterización del grupo poblacional de la comuna 20 de Cali, Colombia, en tanto es una población cuyas características resultan relevantes para el objeto de estudio de este artículo, el conflicto social- subjetivo y la danza como proceso de mediación terapéutica.

7. Metodología

7.1. TÉCNICAS DE RECOLECCIÓN DE DATOS

A. Entrevista semiestructurada

Las entrevistas se llevaron a cabo con los 30 jóvenes participantes del grupo de salsa de Multipropaz de la ciudad de Cali, Colombia, en el año 2010.

A partir del trabajo de campo y con la participación de los jóvenes que conforman el grupo de formadores del grupo de danza y de los grupos artísticos de Multipropaz, la profesora Alix y el coordinador Miguel Ladino, líderes del grupo Multipropaz de paz, fueron formuladas un conjunto de categorías clave para leer la experiencia de mediación generada por la danza en el contexto de la comuna 20 de Cali, Colombia.

Con base en este repertorio de categorías fueron desarrollados diferentes formularios de entrevista para cada actor clave dentro del grupo de jóvenes.

Cuestionarios y test de medición de la salud mental

Los cuestionarios se aplicaron a 50 jóvenes practicantes y no practicantes de danza de Colombia, España e Italia, en el año 2017. Los cuestionarios se componían de preguntas de selección múltiple y preguntas semi-estructuradas con el fin de conocer y caracterizar la relación de los practicantes de danza con el baile, así como también, comprender los efectos positivos y contraproducentes que podía tener la danza en su salud mental.

Como indicadores de la salud mental fueron aplicados dos test: el inventario de ansiedad Estado-Rasgo (STAIC) y el inventario de depresión Estado- Rasgo (IDER).

Diarios de campo y etnografía

Fueron registrados algunos datos clave e información en bitácoras de campo, en ellos se encuentra registradas notas del desarrollo del proceso en el campo e igualmente el análisis realizado.

El proceso etnográfico duró aproximadamente seis meses con la población de bailarines de salsa de Multipropaz y tres meses con los practicantes de danza de España, Italia y Colombia.

En la experiencia de Multipropaz se llevó a cabo inicialmente fue una introducción al campo con el fin de reconocer el contexto de los jóvenes. Posteriormente la experiencia en el grupo de danza de Multipropaz fue más cercana, con el fin de conocer algunos talleres, la forma como operaba no sólo el grupo de salsa sino también el resto de grupos artísticos como: música, emisora, artes plásticas y audiovisuales.

La experiencia etnográfica de los jóvenes bailarines de España, Italia y Colombia (no vinculados al grupo de salsa de Multipropaz) priorizó el trabajo en campo con algunos bailarines debido a su trayectoria en la danza y a su disponibilidad de tiempo.

Registro audiovisual

Se tomaron fotografías para dar soporte a la experiencia etnográfica llevada a cabo en el grupo de danza de Multipropaz. Estas fotografías fueron tomadas por algunos jóvenes del grupo de Multipropaz y otras por la investigadora. Algunas de las fotografías de los jóvenes practicantes de danza de España, Italia y Colombia (no pertenecientes a Multipropaz) fueron tomadas por la investigadora, pero otras son fotografías seleccionadas por los bailarines para dar a conocer su experiencia.

7.2. TÉCNICAS DE ANÁLISIS DE DATOS

Atlas. Ti

Para el proceso de categorización de la información fue empleado el programa Atlas.ti v. 6.0.

SPSS- Statistic

Para el procesamiento de los resultados de los test de ansiedad estado-rasgo y depresión estado-rasgo se llevó a cabo una t student y un análisis de correlación. La t-student tenía como fin evaluar si algunas de las variables dependientes (ansiedad estado, ansiedad rasgo, depresión estado, depresión rasgo) cambiaba entre el grupo de practicantes y no practicantes de danza. La correlación tenía como fin evaluar el efecto de la variable "práctica de danza" en cada una de las variables dependientes (ansiedad estado, ansiedad rasgo, depresión estado, depresión rasgo), indicativas de la salud mental de cada joven.

Línea de tiempo

Para ubicar en el tiempo el proceso de mediación desarrollado por el grupo de salsa de Multipropaz fue construida una línea de tiempo que abarcaba la experiencia desde el año 2003 hasta el 2010. A través de esta herramienta fueron identificados puntos nodales en la historia del grupo, instituciones y actores clave, así como también fueron caracterizados roles dentro del proceso y su transformación a través de la consolidación de Multipropaz.

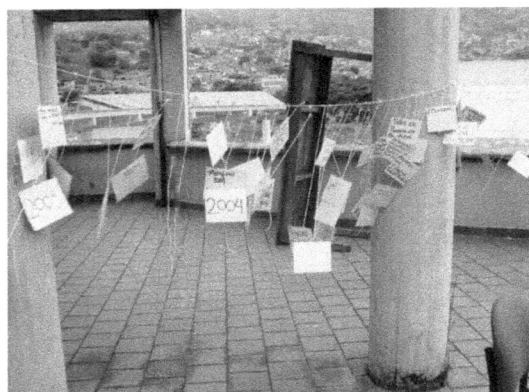

Foto. 5. Línea de Tiempo. Historia de Multipropaz 2003-2010.

Categorías de análisis

A partir de la observación, discusión y reconstrucción de la experiencia del grupo de salsa de "Multipropaz" y del análisis del discurso de los jóvenes tanto practicantes como no practicantes de danza de Colombia (no pertenecientes a Multipropaz), Italia y España; fueron construidas un conjunto de categorías de análisis. El proceso de construcción fue inductivo, en tanto partió de la experiencia directa. Los acontecimientos y puntos nodales en el discurso de los bailarines y no bailarines fueron traducidos en términos de categorías psicosociales.

De esta forma se construyó una lista de categorías y subcategorías a partir de las cuales fueron formulados los objetivos generales y específicos de la investigación.

8. Marco teórico

Identificar los elementos terapéuticos involucrados en la práctica de la danza en población joven con altos índices de violencia delictiva y en población joven sin comportamientos delictivos, practicantes y no practicantes de danza; hace necesario preguntarse por el conflicto, abordando este fenómeno desde dos puntos de vista: uno social, que refiere a las conductas violentas y delictivas, percibiéndolas como comportamientos que afectan el bienestar psicosocial de una ciudad. Y otro psicológico, asociado a comportamientos o patologías que perturban la salud mental del individuo.

Para comprender las características terapéuticas de la danza en la dimensión psicológica y social, este apartado expone inicialmente una breve contextualización sobre los modelos terapéuticos más comunes empleados para el tratamiento de psicopatologías, así como también sobre el uso de la danza en contextos psicoterapéuticos. Una síntesis sobre el valor terapéutico del movimiento y la corporalidad en la danza, describiendo el movimiento como fenómeno neuropsicológico y la corporalidad como factor asociado al desarrollo de la identidad y la expresión subjetiva. La relevancia de la danza a nivel individual como práctica vinculada a las emociones y la musicalidad, así como también, el valor cultural de la danza, al estructurarse a modo de ritual y práctica vinculada con la historia, ritos y tradiciones ancestrales de cada cultura.

Finalmente, expongo el concepto de conflicto como elemento que vincula la dimensión subjetiva e intersubjetiva, así como también, la noción de *trayectorias juveniles,* con el fin de articular la lectura de las dinámicas de la población joven involucrada en la investigación, su relación con la danza, con su identidad y con los otros, como figuras públicas o individuos.

8.1. MODELOS DE INTERVENCIÓN EN PSICOTERAPIA DE LOS TRASTORNOS MENTALES COMUNES.

El problema de muchas terapias psicológicas no consiste en su eficacia para el tratamiento de enfermedades mentales, sino en su disponibilidad, tal y como lo reconocen los programas de *Improving Access to Psychological Therapies (IAPT).* Clark (2018) expone el modelo IAPT como iniciativa para cerrar la brecha entre la investigación y la práctica de los terapeutas psicólogos en tratamientos para manejar la depresión y los trastornos de ansiedad.

Algunas psicopatologías moderadas pueden ser definidas como disfunciones en uno o más mecanismos de autorregulación, diversos estudios observan la relación entre la motivación y el desempeño en la danza (Amado, Sánchez, González, Pulido y Del Villar, 2016). La motivación es definida por Strauman (2017) como la gestión constante de metas personales sobre las fuerzas internas, ambientales e interpersonales que podrían afectar el logro de objetivos. La autorregulación es comprendida como el proceso que explica procesos subjetivos empleando como locus la motivación, la cognición, la emoción y el comportamiento, haciendo una propuesta que incluye las teorías psicológicas tradicionales según las cuales la genética, el temperamento, la historia de la socialización y la neurofisiología determinan el comportamiento.

Miller et al. (1960 citado en Strauman, 2017) define la motivación entre las características del comportamiento humano que se organiza por objetivos. Las cuales son representaciones mentales de deseos y estados *"Goal-directed"*. De acuerdo con este autor, la conducta está incorporada en el sistema nervioso central (SNC), el cual la comunica a diversos niveles de la organización del comportamiento (Miller, 2010 citado en Strauman, 2017), esta función permite que logremos nuestros objetivos en un mundo social complejo, el autor profundiza en la relación entre los aspectos neurobiológicos y psicológicos de la conducta.

Austin y Vancouver (1996, citados en Strauman, 2017) proponen desde la teoría sociocognitiva que el comportamiento *goal-directed* opera en el cerebro de los mamíferos principalmente a partir de dos sistemas cerebrales/conductuales estos son los involucrados en la producción de conductas de *proximidad* y *evitación,* conocidos como *behavioral activation system* (BAS) y *behavioral inhibition system* (BIS), cuyo funcionamiento y estructura ha sido analizada en diversos estudios sobre psicopatologías (Fowles, 1980 citado en Strauman, 2017).

En la teoría sociocognitiva existe una jerarquización de los objetivos individuales en función de su nivel de integración con la identidad y sentido de identidad subjetivo (por ejemplo, James 1948 (1890), Freud 1961 (1923), Rogers 1961, citados en Strauman, 2017). Es decir, las personas se esfuerzan de manera característica por lograr aquellos objetivos que clasifican dentro de sus ideales (Higgins et al., 1986 citados en Strauman, 2017).

Por otra parte, en psicología social el concepto de autorregulación se emplea para denominar el proceso de definición personal de metas frente a fuerzas intrínsecas, sociales o del ambiente, más que a la ejecución de éstas (Hoyle y Gallagher, 2015 citados en Strauman, 2017).

Strauman (2017) estudia un caso de disfunción del mecanismo de autorregulación en pacientes depresivos, encuentra antecedentes de la historia del paciente los cuales son motivadores para el éxito y para lograr un objetivo determinado, logro de objetivos que aumentan su complejidad al pasar el sujeto la infancia, la adolescencia y la edad adulta. Strauman evalúa la reacción de los sujetos ante el fracaso y el logro de objetivos-meta, ante los cuales la depresión y conductas como la de rumiación constituyen moderadores de la frustración.

Strauman (2017) expone un modelo según el cual se deben seguir 5 pasos para evaluar la relación de una psicopatología con una alteración en la función autorreguladora:

1) Describir: Determinar si la afección en la función autorreguladora es lo suficientemente característica en el cuadro psicopatológico.

2) Identificar: identifica las variables y procesos clave en la disfunción autorreguladora.

3) Especificar: clasifica los elementos precursores, los mecanismos y las consecuencias de la disfunción.

4) Historia fenotípica: describe los puntos críticos de la historia del desarrollo biopsicosocial en los cuales hipotéticamente puede estar involucrado el origen de la afección en la función reguladora.

5) Del fenotipo a la patología: describe una forma en la cual la disfunción conduce a un estado patológico o "desrregulado".

Hammen (2018) afirma que las cogniciones disfuncionales, las circunstancias estresantes de la vida cotidiana, la disfunción en las habilidades sociales y ser mujer, constituyen factores de riesgo para el desarrollo de algunas psicopatologías neuróticas como la depresión.

En psicoterapia de la depresión (Garber, Frankel y Herrington, 2016) gran parte del tratamiento se centra en los pensamientos, sentimientos y conductas de las personas. Puesto que la interacción de estos factores permite comprender y reconocer patrones de pensamiento, sentimiento y actuación individual desencadenantes o que perpetúan la conducta depresiva.

8.2. SUPUESTOS SOBRE LA DANZA Y EL MOVIMIENTO: UNA LECTURA DESDE LA NEUROCIENCIA.

La danza se asocia a la esencia más instintiva y animal del ser al estar vinculada con el movimiento. El movimiento remite al desarrollo de la especie, la infancia. Constituye el primer mecanismo que configura la memoria y la identidad, es decir, la subjetividad.

La relación que sostiene un individuo con su cuerpo está moldeada a nivel neurológico por su inteligencia viso-espacial, la cual se desarrolla en el infante durante sus primeros años de vida, a través del gateo. El movimiento en la infancia influirá sobre el desarrollo neuronal del individuo, pero también determinará en él, la percepción del medio; la cual a nivel pragmático le permite coordinar su cuerpo para desarrollar una acción intencionada (Llinás, 2003) pero a nivel simbólico configura un proceso de construcción de límites, con base en los cuales el infante construirá los primeros cognitivos asociados a su corporeidad, el medio y los otros.

La función cerebral se compone de dos procesos (Llinás, 2003), uno "privado" en el cual acontece la subjetividad y la capacidad semántica. Y un proceso "abierto", el cual pone en relación con el contexto la información resultante del primer proceso.

Al movimiento acaece la forma de apropiarnos de nuestro cuerpo. El movimiento del cuerpo depende además de los límites del medio, los cuales están determinados no sólo por las leyes físicas sino también por convenciones, restricciones y usos socialmente legítimos del espacio y del cuerpo. Así, el movimiento de un cuerpo depende del espacio y de los repertorios que ha aprehendido con anterioridad sobre el contexto en el cual se moviliza.

En consecuencia, el movimiento resulta de un estado cognoscitivo generado por el cerebro, que es modulado por la entrada sensorial. Y es posible gracias a la existencia de esquemas cognitivos previos (Llinás, 2003), patrones de acción fijos que generan comportamientos estereotipados.

El movimiento es uno de los fenómenos físicos más evidentes. Sin embargo, los mecanismos con los cuales opera no son tan explícitos. Comprender su valor a nivel subjetivo y las variables psicosociales que moldean el conflicto psíquico y social hace parte del objeto de estudio de las ciencias del comportamiento.

En síntesis, el pensamiento, en sus orígenes evolutivos se debe al movimiento. La mente, o el *estado mental*, aparece como producto evolutivo sólo en las especies con movimiento (Llinás, 2003).

Mi interés por explicar las bases psicosociales asociadas al movimiento como espacio de construcción y resolución de conflictos nace de la necesidad de identificar sus efectos sobre la salud mental individual y social.

8.3. USOS DE LA DANZA COMO TERAPIA O *MOVEMENT THERAPY*

La danza es una actividad multidimensional, la cual involucra procesos físicos, cognitivos y emocionales, popularmente se asocia a dicha y expresión, pero en medio de su lenguaje involucra elementos cuyo objeto sobrepasa la diversión, Solanki, Zafar y Rastogi (2013) encontraron que la musicoterapia tiene efectos positivos en el tratamiento de trastornos psiquiátricos de una manera no invasiva, siendo complementaria a la psicoterapia estándar.

La danza se compone de elementos cercanos al enfoque de recuperación empleado en la atención en salud mental con pacientes que padecen trastornos graves y duraderos, en algunos países como Reino Unido e Irlanda (McCaffrey, Edwards y Fannon, 2011), se hace énfasis en que el paciente lleve una vida social activa, evitando generar identidad en el paciente a partir de los síntomas y en las limitaciones generadas por la psicopatología.

Un elemento clave en el tratamiento está en la relación que establece el paciente con el docente de danza, este vínculo, al circunscribirse en el campo de la salud mental empieza a tomar connotación terapéutica.

Existen tres métodos de intervención convencionales para tratar trastornos comunes de la salud mental (cuadros neuróticos como depresión, ansiedad, angustia, estrés postraumático, entre otros): psicoterapia, farmacoterapia y terapia electroconvulsiva[5], los cuales no han sido lo suficientemente eficientes para el tratamiento de tales patologías. Castillo et al. (2010) encontraron que un tratamiento no convencional como la musicoterapia disminuye los síntomas depresivos a mayor nivel que la psicoterapia convencional.

Music offers a simple and elegant way to treat anhedonia, the loss of pleasure in daily activities. Music has been used to treat a number of mental disorders including depression, schizophrenia, and bipolar disorder. Musical stimuli, such as those used in the present study, could be used to treat

---

[5] Para tratar la depresión y algunas psicosis (Castillo et al., 2010).

depression in conjunction with other forms of therapy (Castillo et al., 2010, pág.3).

La terapia musical cuenta con beneficios a nivel neurológico, en tanto activa las regiones cerebrales involucradas en la emoción y la recompensa, generando respuestas estimulantes en estas zonas del cerebro (Blood y Zatorre, 2001 citados en Castillo et al., 2010). Es un mecanismo que reduce la depresión y angustia psicológica al aumentar el afecto positivo (Lee, 2014; Kiepe, Stöckigt y Keil, 2012; Koch, Kunz, Lykou y Cruz, 2014).

La danza ha sido empleada en el tratamiento de neuropatologías como el Parkinson (Rocha, Slade, McClelland y Morris, 2017; Shanahan et al., 2017). En el tratamiento del nivel leve a moderado de la enfermedad del Parkinson la danza tiene efectos positivos sobre la marcha, la congelación de la marcha, la calidad de vida (Aguiar, Da Rocha y Morris, 2016)[6]; así como también mejora significativamente el equilibrio y la coordinación (Kiepe, Stöckigt y Keil, 2012).

8.4. NEUROCIENCIA, IDENTIDAD Y MOVIMIENTO: EL PAPEL DEL CEREBRO EN LA DANZA O CÓMO LO BIOLÓGICO INFLUYE EN EL COMPORTAMIENTO SOCIAL Y EL MOVIMIENTO.

Las emociones son resultado evolutivo del movimiento, proceden de un mecanismo llamado interiorización. Llinás (2003) define la interiorización como el proceso de feedback que ocurre entre el movimiento muscular y el cerebro.

Llinás (2003) toma el ejemplo de la etología y la embriología para diferenciar la motilidad miogénica de la neurogénica. Así, por ejemplo, los tiburones durante su desarrollo intrauterino comienzan a moverse en forma sinusoidal. Dichos movimientos son miogénicos, es decir, son consecuentes a la actividad de las fibras musculares, no

---

[6] Aguiar, Da Rocha y Morris (2016) en su estudio sobre la enfermedad del Parkinson encontraron que practicar danza genera beneficios en el tratamiento de patologías no mentales como la insuficiencia cardíaca, el cáncer de mama y la diabetes. En casos de cáncer de mama la danza tiene efectos positivos sobre el estrés y los trastornos de sueño (Ho, Fong y Yip, 2018)

una respuesta del sistema nervioso central, ya que las neuronas aún no han migrado estableciendo contactos con las fibras musculares.

Durante una fase determinada del desarrollo humano cada motoneurona establece contacto con una fibra adecuada y es entonces cuando la médula espinal controla el movimiento. Es decir, la motilidad o contractibilidad pasa de ser miogénica a neurogénica. Este paso a un proceso superior se denomina interiorización, en tanto la neurogénesis interioriza la miogénesis.

Este proceso ocurre de igual forma en la médula espinal. Así, el movimiento corporal nace en el encéfalo, pasa por el tronco cerebral, la medula espinal y se expresa en forma de movimiento coordinado de cada uno de los grupos musculares, en función de una intencionalidad. Las emociones semejan a nivel neuronal al movimiento; nacieron y se seleccionaron evolutivamente porque permiten comunicar estados internos: enseñar los dientes, morder, ladrar, gemir o huir de un depredador son emociones en su estado puro (Llinás, 2003).

8.5. SUBJETIVIDAD E INTERSUBJETIVIDAD, SU RELACIÓN CON EL MOVIMIENTO Y LA CORPORALIDAD.

Hasta ahora comprendemos el movimiento como resultado de la acción del Sistema Nervioso Central y la médula espinal. Sin embargo, el movimiento a nivel social traduce una conducta contextualizada.

A nivel terapéutico, el movimiento intencionado y la locomoción artística como la danza, es una actividad que se delimita según las normas sobre el cuerpo, la forma de portarlo, los ritmos y ritos construidos en torno a éste. Esta dimensión simbólica sobre el cuerpo, se denomina corporalidad.

La lógica de la corporalidad se hace presente en la modernidad donde lo físico y el presente alcanzan un protagonismo privilegiado y hacen del cuerpo un aspecto esencial de las prácticas, los discursos y el imaginario contemporáneo (Barbolla, 2009). La corporalidad expone la unicidad del ser, expone al hombre como unidad de sentido y significado, como un todo expresivo a través de su cuerpo. Por cuerpo comprenderemos lo que la teoría neoplatónica sugiere "una expresión más equilibrada de la relación entre el alma y el cuerpo (...) El cuerpo (en el Timeo) adquiere el tercer significado del término griego sêma, que fue desechado en el Fedón. El cuerpo cósmico y humano no es ni tumba ni cárcel, sino signo, manifestación e instrumento del alma y de lo divino" (García, 2005 citado en Barbolla, 2009).

8.6. EL PAPEL DEL MOVIMIENTO EN LAS EMOCIONES Y LA PERSONALIDAD

North (1972 citado en Young y Wood, 2018) estudió la personalidad a través del movimiento. Afirmaba que los movimientos conscientes e inconscientes informan la personalidad y tienen como fin crear un equilibrio interno con el estado emocional subjetivo más que con la emoción real. Así, cuando un individuo tiene el movimiento, en danza, induce al individuo a tomar conciencia de sí para comunicar la emoción que experimenta.

El lenguaje corporal de la danza la configura como un medio de autoexpresión, a través de la danza se comunica con gestos y movimientos, los cuales fortalecen el autoconcepto expresivo, la interacción social y la comunicación intercultural a través del movimiento (Thornquist, 2018).

La danza en su forma natural constituye según algunos estudios una intervención efectiva para mejorar la función motora y la calidad de vida, así como también, al ser un ejercicio que se acompaña de la música configura una experiencia que vincula las respuestas emocionales y sociales. Rocha, Slade, McClelland y Morris (2017) al estudiar los efectos terapéuticos de la danza en pacientes con Parkinson, identificaron cuatro elementos a considerar en la práctica de la danza para mejorar su eficiencia psicoterapéutica:

1. *Identificar la etapa de progresión de la enfermedad.*
2. *Reconocer que la danza es más que solo terapia. Es actividad física, proporciona además una expresión creativa y artística,*

la cual permite a los pacientes focalizar su atención y su vida no sólo en torno a la enfermedad.
3. Seleccionar cuidadosamente la música para moverse.
4. Diseñar clases que sean viables y atractivas.

Adicionalmente, Wiedenhofer y Koch (2017) descubrieron que la improvisación es un factor en la danza que tiene efectos beneficiosos sobre el estrés y la autoeficacia del cuerpo, en un nivel algo más elevado que la práctica de la danza en función de un objetivo que sobrepasa la expresión. Estudios actuales del área de psicología, enfatizan en el valor terapéutico que tiene la posibilidad creativa sobre síntomas como el estrés, la ansiedad y la angustia, en tanto resulta un medio de empoderamiento y libertad para el individuo (Lange, Leonhart, Gruber y Koch, 2018).

Panagiotopoulou (2017) identificó que la danza contribuía al desarrollo de habilidades sociales y emocionales entre jóvenes estudiantes de dos escuelas públicas en Grecia, en la medida en que la práctica de ésta les permitía desarrollar su potencial y hacer frente a problemas personales. Bajo la línea de este autor están los hallazgos de Anderson, Kennedy, DeWitt, Anderson y Wamboldt (2014) quienes encontraron mejorías en el bienestar emocional de adolescentes con trastornos psiquiátricos tras la práctica de la danza dentro del tratamiento convencional.

Danzar constituye una experiencia social, en la danza se pone en juego los límites entre el yo y los otros. Desde el baile re-significan vínculos con la corporeidad y también con los otros (Lee, Jang, Lee y Hwang, 2015; Bungay, y Clift, 2010; Clift, 2012; MacDonald, Kreutz, y Mitchell, 2012; Stuckey, y Nobel, 2010 citados en Mondolfi y Muneta, 2018), en esta medida, su práctica sostiene efectos saludables para el individuo puesto que le permite reconocer y dialogar con su entorno. Esta cualidad de danzar se reconoce en el estudio desarrollado por Ho (2015), en China, con sobrevivientes de abuso sexual infantil, quienes tras la práctica de la danza establecieron límites apropiados, conceptos de lugar, espacio y un mayor sentido de seguridad en relación con su corporeidad.

La danza ha sido explorada en contextos terapéuticos siendo denominada también como Danza Movimiento Terapia (DMT) o terapia de movimiento. Dieterich (2017) en sus estudios sobre el uso de la DMT con pacientes que padecen trauma psicológico, propone que la danza fortalece la función interoceptiva y la autorregulación (Seligman y Brown, 2010 citados en Kawano 2018), es decir, mejora el reconocimiento individual de estados corporales internos (hambre, sueño, dolor, fatiga, entre otros) y por consecuencia modula la regulación interna.

La danza movimiento terapia (DMT) utiliza el movimiento para integrar los aspectos emocionales, cognitivos, físicos y sociales de un individuo (American Dance Therapy Association, 2009). Debido a que el desarrollo de las habilidades sociales y de comunicación comienza temprano en la vida, DMT es especialmente apropiada en un contexto no verbal basado en el cuerpo.

Las intervenciones de DMT se pueden utilizar para abordar esta conexión de desarrollo en bebés y niños pequeños con TEA o con alto riesgo de desarrollarlos.

La actividad de DMT conduce a la aparición del gesto de apuntar, que todos los niños usan para pedir un objeto o indicar algo específico (Martin, 2014, pág. 551).

En casos de depresión (Boing et al., 2017) y algunos trastornos comunes de la salud mental, es frecuente encontrar que la imagen corporal de algunos pacientes esté fragmentada, distorsionada o tengan una conciencia corporal superficial. La imagen corporal se define por un modelo tripartito compuesto por imagen, cuerpo y memoria corporal encontraron cambios positivos en la imagen corporal de algunos pacientes tras intervenir con danza, asociados a una mejor sensación corporal, mayor tolerancia a las sensaciones, disminución de los síntomas depresivos (Pylvänäinen y Lappalainen, 2017). Esta percepción positiva del esquema corporal se fortalece tanto en cuadros psicopatológicos como en condiciones de neuroticismo, es decir, en personas que no presentan un cuadro de enfermedad mental (Acevedo, Ortiz y Bolívar, 2017).

Barnet, Pérez, Cabedo, Oviedo y Guerra (2016) afirman que la danza es una actividad en la cual hay una interacción continua entre el cuerpo y la mente, algunos estudios con pacientes que padecen dolor crónico han presentado mejorías significativas tanto a nivel fisiológico como en su estado de ánimo (Shim et al., 2017). En sus estudios sobre Danza movimiento terapia con adultos en condición de discapacidad, encontraron que esta promueve la integración de las dimensiones emocionales, cognitivas y físicas de una persona, mejorando la calidad de vida (De Tord y Bräuninger. 2015).

Un elemento diferenciador en el resultado de la intervención tiene que ver con la adherencia al tratamiento, la práctica frecuente y constante de danza genera mayores beneficios a nivel de la salud mental (Cogntiva, afectiva), social y física, incluso entre bailarines (Lakes et al., 2016).

8.7. MEMORIA EMOCIONAL

Entre las diversas intervenciones diseñadas para el tratamiento de desórdenes emocionales están las intervenciones de *reconsolidación de la memoria emocional* (Beckers y Kindt, 2017), tratamiento que tiene por objeto inducir la amnesia para recuerdos emocionales previamente establecidos, expone las ventajas y desventajas de algunos tratamientos farmacológicos, así como también, la relación entre emociones y cognición.

Beckers y Kindt (2017) afirman que a pesar de que la eficiencia de estos estudios aún es hipotética, existen numerosos resultados positivos. Su limitación está en la desestabilización o ineficiencia de la intervención cuando no coincide la memoria recuperada con los eventos reales experimentados en el momento de la recuperación.

Así, "los recuerdos con una fuerte connotación emocional desempeñan un papel patogénico en una variedad de trastornos emocionales, incluidos los trastornos de ansiedad, el trastorno de estrés postraumático (TEPT), la adicción y la depresión" (Brewin, 2011; Kindt, 2014; Milton y Everitt, 2012; Williams et al., 2007 citados en Beckers y Kindt, 2017, p.10).

La terapia de trauma narrativa (Hiller y Hensel, 2017) orientada a recursos con niños y adolescentes con trastornos traumáticos complejos es una forma suave de procesamiento de trauma a través de historias de animales. En su comprensión de la terapia, se refiere al modelo del factor de efecto de Klaus Grawe y al proceso de autocuración neurobiológica de la reconciliación de la memoria.

El valor que ocupa la memoria en los trastornos emocionales como el trastorno de ansiedad social (Social Anxiety Disorder), el trastorno de ansiedad generalizada (Generalized Anxiety Disorder) y la depresión, se percibe en los estudios desarrollados por Hirsch, Meeten, Krahé y Reeder (2016) donde el análisis de pacientes con tales trastornos emocionales expone una tendencia continua a generar interpretaciones negativas de la ambigüedad.

Dicha tendencia o *sesgo interpretativo* tiene un papel causal de mantenimiento del trastorno. Y muchas veces se combina con otros procesos cognitivos (imágenes, recuerdos, memoria) los cuales podrían tener un efecto negativo sobre la angustia.

8.8. LA CULTURA COMO GENERADOR DE MALESTAR Y DE MECANISMOS TERAPÉUTICOS: LA DANZA COMO LENGUAJE CULTURAL.

Algunos factores asociados a las normas y prácticas de una cultura o contexto social determinado pueden constituir factores potenciales de riesgo o estresores para la afección de la salud mental. Kim, Schwartz, Perreira y Juang (2018) enfatizan el lugar que ocupa la función socializadora de los padres como factor protector o de riesgo para el desarrollo de síntomas o patologías asociados a la salud mental.

La danza constituye un lenguaje donde se construye y comunica lo social, tal y como afirman Vassallo, Hiller, Pappas y Stamatakis (2018):

Las razones para participar en la danza se extienden mucho más allá de los beneficios físicos e incluyen socialización, entretenimiento, espiritualidad, terapia, cultura, creatividad, competencia y autoexpresión (Graham, 2002, Consejo Canadiense de las Artes, 2014). Lo más importante es que los participantes consideran la danza como una actividad agradable (Jago et al., 2016; O'Donovan y Kay, 2005), lo que podría influir en la adherencia a largo plazo (Allender et al., 2006) y promover una actitud positiva hacia el movimiento y actividad física (p. 200).

8.9. LA DANZA COMO RITUAL

Kawano (2018) afirma que la danza y las artes son parte sustancial de un ritual, cuyo eje consiste en "una orquestación sensible de muchos hilos de acción simbólica en todos los códigos simbólicos disponibles que incluyen habla, música, canto; [...] formas de danza con gramáticas complejas y vocabularios de movimientos corporales, gestos, movimientos de los dedos y expresiones faciales" (Turner, 1985 citado en Kawano, 2018, p.237).

La danza involucra las áreas afectiva, sensorial y motriz (Seligman y Brown, 2010; Turner, 1985 citados en Kawano, 2018). Es una actividad que se moviliza en un nivel simbólico, algunos estilos como la *expresión primitiva,* el cual combina el canto con la danza, tiene resultados eficientes en el tratamiento de pacientes psicóticos (Margariti et al., 2012). Su valor radica en que consolida un espacio donde es posible expresar y orientar impulsos de manera positiva.

Tener estándares de comportamiento heredados, algo común a toda la humanidad, implica que los contenidos del inconsciente "no se manifiestan solo en material clínico, sino también en materiales mitológicos y artísticos, y en todas las actividades culturales a través de las cuales el hombre se expresa "(Von Franz, 1964 citado en Farah, 2016, p.419).

9. Efectos de la danza en la salud física y mental de sus practicantes

9.1. SALUD

Esta categoría fue identificada solamente entre los jóvenes practicantes de danza de España, Italia y Colombia (no pertenecientes al grupo de danza de Multipropaz). Refiere a la percepción de bienestar físico, emocional y mental asociado a la práctica de danza.

A) Salud Física

Una gran mayoría de los jóvenes y adolescentes que participaron el programa Multipropaz, afirmaban mejorar la salud física mediante la danza. Se recogieron varias entrevistas que confirman nuestras afirmaciones:

"Bienestar, actividad corporal, tonificación, resistencia..." (EPD, Comunicación personal, 2017)

"Mayor movilidad -más resistencia –flexibilidad" (EPD, Comunicación personal, 2017)

"Creo que hubo cambios positivos en cuanto a salud física, mejorando la coordinación de mis movimientos, así como mi flexibilidad. Por otro lado, también mejoró en gran medida mi autoestima, haciéndome sentir bien cuando bailaba, cuando avanzaba y aprendía más cosas nuevas. Además, era una buena forma de socializar, hacer amigos y compartir actividades, experiencias y anécdotas. En definitiva, me sentía contenta y lo pasaba muy bien" (EPD, Comunicación personal, 2017)

"Esta práctica me ha servido porque ha permitido ejercitar mis músculos tener un poco más de equilibrio y tener un poco más de control sobre mi cuerpo" (EPD, Comunicación personal, 2017)

"Conciencia corporal, agilidad y control. Flexibilidad, fuerza, líneas corporales. Memoria" (EPD, Comunicación personal, 2017)

"Me sentía más fuerte, con más vitalidad y mayor resistencia, mi asma mejoró y mis rodillas me dolían menos" (EPD, Comunicación personal, 2017)

"Ha mejorado mi flexibilidad, mi fuerza y mi agilidad" (EPD, Comunicación personal, 2017)

"Durante mi práctica en la danza, mi cuerpo era muy enérgico y lleno de vitalidad en muchos aspectos. Una vez dejé de practicarlo empezaron mis problemas lumbares y de articulaciones" (EPD, Comunicación personal, 2017)

"Mejora la estimulación del cerebro, disminuyó algunas lesiones musculares, aumentó mi estado de ánimo, me sentía realizado con lo que hacía" (EPD, Comunicación personal, 2017)

"Elasticidad, se reguló el ritmo cardiaco, tonicidad" (EPD, Comunicación personal, 2017)

"Estado físico, equilibrio, buena postura" (EPD, Comunicación personal, 2017)

"Mejor salud, mayor rendimiento a la hora de realizar otra actividad, mejor respiración y mejor concentración, entre otros" (EPD, Comunicación personal, 2017)

"Puedo estar más concentrado en ciertas actividades, libera el estrés y las tensiones que permanecen en mi cuerpo y en mi mente" (EPD, Comunicación personal, 2017)

"Logré una vida más activa (tanto a nivel físico como social), felicidad y salud corporal" (EPD, Comunicación personal, 2017)

B) Salud Mental

En esta categoría mencionaremos los efectos beneficiosos y contraproducentes asociados a la práctica de la danza de los jóvenes y adolescentes de Italia, España y Colombia. Esta categoría se encuentra compuesta de tres subcategorías: confrontación, resignificación y autorregulación y reconocimiento de límites.

C) Confrontación

Esta categoría está asociada con la capacidad de los jóvenes practicantes de danza para identificar, reconocer y confrontarse a sí mismos con relación a los problemas individuales o subjetivos. Así, muchos bailarines afirman que la danza les permite afrontar las dificultades de su vida personal desde una perspectiva y con una actitud diferente:

"Es una forma de disfrutar y despejarme de los problemas" (EPD, Comunicación personal, 2017)

"Significa abstraerme de lo cotidiano y dedicarme un tiempo a mí y a algo que me apasiona; significa también conectar con mi interior y mi sensibilidad a la música y al movimiento" (EPD, Comunicación personal, 2017)

"Liberación y creación. Bailar es entrar y escudriñar cada emoción ligada a una parte del cuerpo, descubrir qué nos dice esa emoción con cada movimiento que en ocasiones nos genera limitantes o por el contrario exploraciones" (EPD, Comunicación personal, 2017)

"He adquirido experiencias nuevas -conoces a personas - necesitas esfuerzo para conseguir movimientos y coreografías -adquieres confianza que te sirven para otros ámbitos de tu vida" (EPD, Comunicación personal, 2017)

"Hablando según mi experiencia, considero que la práctica, en mi caso, de sevillanas, supone una manera de socializar y desarrollar las capacidades interpersonales" (EPD, Comunicación personal, 2017)

"Mi vida, una manera de conocerme a mí mismo, una herramienta que me permite salir del estrés matutino y la escancia que me motiva a hacer más cosas de las que puedo llegar a ser capaz de hacer" (EPD, Comunicación personal, 2017)

"Beneficios son muchos te ayuda a desconectar con tus problemas" (EPD, 2017)

"Las ventajas son incontables, desde una mejora de la forma física a una liberación mental durante unas horas que ayuda a que la rutina pese menos" (EPD, Comunicación personal, 2017)

D) Resignificación

Esta categoría pertenece a uno de los ejes de análisis de la categoría madre "salud mental" y refiere al proceso en el cual los practicantes de danza otorgan un nuevo significado o valoración a situaciones problema que encuentran en su vida cotidiana, en relación con sí mismos o con relación a los otros.

"Antes de empezar a bailar me costaba entender más a los otros, era muy narcisista, algo más egoísta, a través del baile y las coreografías grupales entendí que es imprescindible e inevitable estar dispuesto a escuchar al otro, siempre nos estamos afectando unos a otros, sea positiva o negativamente" (EPD, Comunicación personal, 2017)

"La resistencia, el rigor y constancia en la práctica. Pensar que nada es imposible por difícil que parezca. Y que nunca es tarde para nada" (EPD, Comunicación personal, 2017)

"En el 2017 la danza me ayudó en un estado de depresión en el que estuve, fue mi terapia" (EPD, Comunicación personal, 2017)

"Danzar me da tranquilidad al tomar decisiones" (EPD, Comunicación personal, 2017)

"Bailar genera en mí reducción de la ansiedad, de la angustia, de la vergüenza y la sensación de ridículo. Paz, calma, serenidad para mantener la atención y la presencia en situaciones colectivas. Reducción en el suponer, en el anhelar. Incremento en la aceptación de la realidad, propia y conjunta. Incremento en la capacidad de convivir" (EPD, Comunicación personal, 2017)

"Como beneficio de la danza encuentro que es una forma muy buena de ganar confianza en una misma, aprender muchas cosas nuevas y hacer amigos" (EPD, Comunicación personal, 2017)

Al preguntar a algunos estudiantes por los beneficios percibidos en la práctica de la danza, mencionan que ésta genera:

"Independencia y consigues liberar el estrés, aumenta la confianza en uno mismo, mejora la concentración, ayuda a cuidar la salud, etc." (EPD, Comunicación personal, 2017)

"Tranquilidad y movilidad" (EPD, Comunicación personal, 2017)

"Practicando danza, todo son beneficios a niveles mental y físico" (EPD, Comunicación personal, 2017)

"Confianza -disfrutas de los resultados cuando has puesto mucho empeño en alguna coreografía -adquieres mayor memoria coreográfica" (EPD, Comunicación personal, 2017)

"Siento mi cuerpo más ágil, flexible y dispuesto a exigirse en cada clase y en mi vida actoral" (EPD, Comunicación personal, 2017)

"Reconocer, aceptar, quererme y hacer conciencia de las sensaciones y cuidado de nuestro cuerpo" (EPD, Comunicación personal, 2017)

"Activa tu sistema neuronal, tu sistema inmunológico, te hace sentir bien contigo mismo, observas la vida desde otra perspectiva, estimula tus hemisferios y exige una activación

de los mismos. En cuanto a los perjuicios en salud mental; como requiere cierta concentración se exige que estés atento para que puedas realizar tus ejercicios. En lo físico: te sientes bien con tu cuerpo y estimula tus músculos" (EPD, Comunicación personal, 2017)

"Es la mejor terapia para cualquier cosa que esté sucediendo en sí mismo. Para mí el YOGA y la DANZA fortalecen el músculo más complejo: LA VOLUNTAD

Como ya lo dije, la danza fue mi terapia en un año convulsionado mentalmente, de inestabilidad emocional y de un proceso de transición hacia un estado de mayor conciencia" (EPD, Comunicación personal, 2017)

"Pienso que es una forma de desinhibirse, de comportarse con espontaneidad, de moverte conforme te sugiera una melodía" (EPD, Comunicación personal, 2017)

 "En cuanto al ámbito de la salud mental y física, creo que supone una forma de liberar estrés, así como una manera de estar activo físicamente" (EPD, Comunicación personal, 2017)

"Los beneficios en cuanto a mi salud mental y física son muchos puesto que la danza es una actividad física que me ha ayudado a mejorar el tono muscular, el equilibrio, la flexibilidad y la pérdida del miedo frente a la realización de movimientos ligeramente acrobáticos" (EPD, Comunicación personal, 2017)

"Mejorar tu actividad física y sobre todo que hacer los te gusta mejora tu estado de ánimo y sentirte realizada con lo que te gusta" (EPD, Comunicación personal, 2017)

"Los beneficios que me aporta a nivel mentar son placer y autoconfianza" (EPD, Comunicación personal, 2017)

"La danza como respuesta a una necesidad inherente del ser por el sentimiento de plenitud, es una herramienta facilitadora para la consecución de sentimientos de bienestar. La identificación de mis alcances, mis límites

corporales me han llevado a explorar más mi cuerpo y saber que día a día puedo trabajar más por él para lograr un empalme más profundo entre lo espiritual, emocional y corporal" (EPD, Comunicación personal, 2017)

"Alta autoestima y físicamente la relajación, distensión muscular. Ayuda a olvidar problemas personales por un momento, favorece el pensamiento positivo de uno mismo" (EPD, Comunicación personal, 2017)

E) Autorregulación y Reconocimiento de límites

La autorregulación es la última subcategoría de la categoría madre *"Salud mental",* define la capacidad del individuo para reconocer límites y definir su comportamiento en torno al reconocimiento de los mismos. Esta categoría es una de las más recurrentes dentro del área de salud mental:

"Entre los aspectos positivos está mejorar mi flexibilidad tanto psicológica como física, mejoró mi tolerancia a la frustración y a través del conocimiento de mi cuerpo pude reconocer limitaciones y aspectos desconocidos de mí misma" (EPD, Comunicación personal, 2017)

"Se busca mucho el progreso, y las metas están más claras, logrando capturar los objetivos" (EPD, Comunicación personal, 2017)

"He experimentado un cambio en mi autoestima, en mi carácter, en el manejo de la ansiedad y en la valoración de mí mismo" (EPD, Comunicación personal, 2017)

"Esta práctica me ha servido porque ha permitido ejercitar mis músculos tener un poco más de equilibrio y tener un poco más de control y reconocimiento sobre mi cuerpo" (EPD, Comunicación personal, 2017)

"A nivel personal los beneficios han sido grandes porque hoy mi cuerpo agradece (exámenes médicos muy bien) y estoy agradecida de su plasticidad, extensión, comodidad y postura. A nivel profesional me ha brindado herramientas para el encuentro con otros a partir del movimiento de nuestro cuerpo" (EPD, Comunicación personal, 2017)

10. Efectos negativos

Esta es la última categoría de análisis sobre los efectos de la danza en la salud mental y física de los practicantes de danza. Al preguntar por los perjuicios o efectos negativos de la práctica de la danza en la salud, la mayoría de los bailarines expuso "ninguno" como la respuesta mayoritaria, entre algunos perjuicios se mencionan algunas lesiones, como consecuencia de la práctica y la ansiedad o presión generada por la dinámica de la práctica profesional, las audiciones y la necesidad de "estar en forma", que demanda el mundo del arte a los bailarines:

"Cansancio después de cada ensayo" (EPD, Comunicación personal, 2017)

"Me lesioné una rodilla por sobre esforzarme en una danza folklórica extranjera" (EPD, Comunicación personal, 2017)

"Tuve algún pequeño daño en la rodilla" (EPD, Comunicación personal, 2017)

"Entre las desventajas está cierta competitividad asociada siempre a la técnica, a la necesidad de mejorar siempre y progresivamente lo que ya has logrado, esto está estrechamente vinculado al estado físico y a la apariencia, muchas veces, en las presentaciones la estética influye demasiado y se gana más seguridad con una apariencia delgada y esbelta que con una figura descuidada" (EPD, Comunicación personal, 2017)

"Desventajas sólo cuando te bloqueas" (EPD, Comunicación personal, 2017)

"Desventajas, a veces por el cruce de horarios con mi carrera y la danza, no puedo asistir a danza" (EPD, Comunicación personal, 2017)

"Dos lesiones, una del músculo isquio- tibial izquierdo y afección de rodilla izquierda" (EPD, Comunicación personal, 2017)

"Si no bailo (es ahí donde quemo calorías) engordo rápidamente. Mentalmente se vuelve una ansiedad cuando se deja el arte por más de una semana" (EPD, Comunicación personal, 2017)

"Como desventajas solo podría mencionar el cansancio y que las horas de práctica se restan de las de estudio" (EPD, Comunicación personal, 2017)

"Desventaja profesional: poco valorada este tipo de danza y de su esfuerzo del día a día" (EPD, Comunicación personal, 2017)

"No obtengo ninguna desventaja por la práctica de la danza" (EPD, Comunicación personal, 2017)

"Desventajas: obsesión, en ocasiones la práctica me eleva, me hace sentir pleno que cuando no la estoy practicando siento un cierto grado de desespero por no estar haciéndolo" (EPD, Comunicación personal, 2017)

"Que el cuerpo olvida lo aprendido en la danza aumenta el nivel de riesgo a una lesión" (EPD, Comunicación personal, 2017)

"Tan sólo veo que pueda haber dos potenciales inconvenientes que dependen del profesor: a nivel físico, puede haber lesiones por forzar o no ejecutar un ejercicio correctamente y, a nivel mental, puede haber trato no igualitario hacia los alumnos, lo que puede causar conflictos sociales" (EPD, Comunicación personal, 2017)

"El único prejuicio que encuentro es la vergüenza a hacer el ridículo" (EPD, Comunicación personal, 2017)

"Perjuicios: molestias en la rodilla" (EPD, Comunicación personal, 2017)

"Necesidad, ansiedad, autocrítica (de forma dura)" (EPD, Comunicación personal, 2017)

"Desventajas: poco tiempo para combinar la carrera de psicología con la danza" (EPD, Comunicación personal, 2017).

11. El conflicto como malestar individual y social

La danza, al ser movimiento constituye el resultado de la acción de la médula espinal, al imprimirse sobre el cuerpo contiene connotaciones también subjetivas y culturales, traduce corporalidad.

En la dimensión subjetiva y social acontecen procesos expresivos, comprensivos, de interacción y comunicación con otros o de tipo introspectivo. Tales procesos no se desarrollan de forma "ideal" o prototípica, generando en diversas ocasiones un tipo de conflicto que desencadena en respuestas contraproducentes. Así, por ejemplo, a nivel individual, la desestabilización de la función motora en el cerebro o el conjunto de repertorios y representaciones que una persona hace sobre su cuerpo debido a los patrones con los cuales fue criado por sus padres, puede representar un elemento desencadenante de un trastorno mental leve o moderado, síntomas de angustia, depresión o ansiedad.

Este mismo malestar o relación patológica del individuo con su dimensión subjetiva, se presenta entre el individuo y su contexto social, comunitario o cultural recurriendo a otras formas de expresión. El conflicto es natural a todo proceso (subjetivo o intersubjetivo), sin embargo, no siempre desencadena en violencia. En los casos donde hay violencia, agresión física o verbal, diremos que existe una relación patológica del individuo con su entorno. Es en situaciones de malestar cultural e individual en las cuales este trabajo de investigación tiene por objetivo comprender y evaluar el valor terapéutico de la danza, como expresión artística.

Así, la violencia y el conflicto consolidan parte casi esencial de la interacción social:

La violencia (...) es vista como inherente a toda existencia colectiva, es el resultado del movimiento de las fuerzas por las cuales dicha existencia se compone (...) depende de la dinámica de lo vivo por la cual orden y desorden son inseparables. En las sociedades de la modernidad actual, las situaciones potencialmente generadoras de violencia son permanentes y no solo coyunturales: efectos de número (con el apilamiento urbano), de masa (con la indiferenciación) de multitud (con las reuniones ocasionales cargadas de un poder difícil de controlar) y de imitación (toca la fragilidad de los valores y los modelos de identidad) (Balandier, 1997 citado en Cerbino, 2004, p. 190:192).

11.1. LECTURA SOCIOLÓGICA DEL CONFLICTO

Basándose en la propuesta clásica de Simmel (1918 citado en Cerbino, 2004) articulada en su escrito Conflicto, en la cual el autor estudia este fenómeno como proceso interdependiente, Coser (1961 citado en Weisiger, 2018) retomará de Simmel (1918 citado en Cerbino, 2004) la idea de que el conflicto articula un elemento sustancial de socialización, en la medida en que permite la conformación de grupos y el establecimiento de vínculos dentro de éste, a través de las relaciones fluidas entre procesos de armonía y desarmonía social.

A partir de este punto de análisis el autor propone dieciséis preposiciones como elementos explicativos de las funciones positivas del conflicto social o lo que es lo mismo, considerará las funciones cohesionadoras y ordenadoras que presenta el conflicto en las relaciones sociales. Tales preposiciones articulan las funciones que adquiere el conflicto en la construcción de las fronteras del grupo, la forma como la hostilidad y las tensiones operan en el establecimiento de relaciones conflictivas, el valor de los conflictos internos y la relación que éstos sostienen con la configuración de la estructura de grupo. Además, explica el proceso de conformación de la estructura grupal y la forma como ésta se relaciona con los conflictos que el endogrupo sostiene con grupos extraños. Finalmente, dentro de este análisis, Coser (1961 citado en Weisiger, 2018) desarrolla la relación existente entre ideología y conflicto proponiendo este último como eje unificador y necesario en la formación de alianzas y coaliciones intergrupales.

En este sentido, me propongo abordar algunas de las proposiciones formuladas por Coser (1961 citado en Weisiger, 2018) con el objetivo de explicar los procesos de integración y cohesión social grupal y la configuración de identidades a partir del conflicto.

Coser (1961 citado en Weisiger, 2018) identifica en su primera preposición – I Grupo: El conflicto y las fronteras del grupo. Primera preposición: Funciones conectivas del grupo desarrolladas por el conflicto- un estado de discordia o tensión a nivel interno y externo del grupo el cual operará como mecanismo de comunicación y conexión entre los elementos del sistema; de modo que el enfrentamiento será la vía que permitirá la configuración y conservación de una identidad, la diferenciación de las fronteras grupales, el reconocimiento de la diferencia a través de la construcción de la figura de un Otro "externo". Además, este proceso permitirá la caracterización particular de la estructura intragrupal a partir del reconocimiento del conjunto de roles y funciones que la constituyen.

Sin embargo, tales funciones conectivas serán protegidas por una serie de mecanismos que operan a modo de válvulas de seguridad con el fin de mantener la existencia del grupo (II grupo: La hostilidad y las tensiones en las relaciones de conflicto: segunda proposición: Funciones del conflicto en la protección del grupo y significado de las instituciones que actúan como válvula de seguridad). En esta medida, Coser (1961 citado en Weisiger, 2018) propone una caracterización no disfuncional del conflicto en tanto la expresión o liberación del mismo es el medio que posibilita el sostenimiento de los vínculos grupales. Las instituciones o mecanismos válvula de seguridad plantean una vía de expresión socialmente válida o legítima del conflicto a partir del reconocimiento de la agresividad como elemento mediador de todo proceso de negociación e intercambio grupal.

En esta medida, el conflicto constituye un proceso unificador en tanto permite la definición de la estructura del grupo y la reacción de éste frente al conflicto interno en medio del conflicto con otros grupos. A partir de tales elementos Coser (1961 citado en Weisiger, 2018) caracteriza dos tipologías grupales: una elástica y otra rígida.

Las agrupaciones rígidas tienden a presentar un enfrentamiento constante con el exterior y en esta medida son altamente intolerantes frente a desviaciones de sus partes. Presentan una ideología radical y por lo general tienen un volumen reducido. Por otra parte, los grupos de tipo flexible presentan un volumen mucho más amplio y aceptan cierto grado de conflicto interno, factor por el cual no necesariamente conducen a la participación directa de la totalidad de sus miembros.

Dentro de esta función unificadora o cohesionadora del conflicto la construcción o identificación de un enemigo es pieza clave para fortalecer la integración social de los miembros del grupo. Es necesario aclarar que dicho enemigo puede ubicarse tanto fuera como a nivel interno de la dimensión grupal, la figura del "chivo expiatorio" da cuenta de la ubicación de la figura amenazante al interior del grupo. Tal proceso de evocación del enemigo externo presupone para Coser (1961 citado en Weisiger, 2018) el fortalecimiento de la cohesión social que es amenazada desde dentro del grupo. Estos mecanismos del "chivo expiatorio" aparecerán en grupos que por su estructura es imposible el brote del conflicto real dentro del grupo.

Para explicar la cualidad que asumen los conflictos el autor establece un paralelo entre la tensión y el sistema ideológico (proposición número doce –Ideología y conflicto-). Así, los conflictos sociales pueden presentar motivaciones de tipo subjetiva u objetiva. Cada una de ellas ejercerá un efecto diferenciado en la intensidad y forma que adquieren las relaciones sociales dentro del conflicto. Sin embargo, el autor reconoce la fuerza que presenta una acción fundamentada en un sistema de creencias y prácticas colectivas frente a aquellas acciones netamente orientadas por motivaciones personales. En este caso, Coser (1961 citado en Weisiger, 2018) trae a colación el movimiento obrero marxista como ejemplificación radical de un conflicto motivado por condiciones objetivas e impersonales.

Por otra parte, el conflicto plantea funciones de ligazón o estrechamiento de los vínculos sociales, mientras a la vez constituye un espacio generativo para la construcción de normas (proposición

13a: El conflicto liga a los contendientes). El enfrentamiento entre dos grupos implica la instauración de un sistema mínimo de normatividad que permite regular el curso de las hostilidades. Pero, además, posibilita la limitación y regulación del enemigo, así como también, la transformación o creación de nuevas normas las cuales surgen en el momento del encuentro intergrupal.

La proposición número catorce (Interés en la unificación del enemigo) postula que en la medida en que los contendientes presentan un nivel de equilibrio más o menos aproximado de poder, el contendiente con mayor organización procurará la unificación del adversario con el fin de manejar un sistema de reglas semejantes que regulen y equilibren las relaciones de poder en medio de la contienda. Dentro de este interés media también la necesidad del contendiente por establecer intercambios con interlocutores válidos que realmente representen una amenaza al orden y cohesión grupal.

Bajo la lógica anterior es posible afirmar que el conflicto "establece y mantiene el equilibrio del poder" (Proposición No. 15). Coser (1961 citado en Weisiger, 2018) se basa en Simmel (1918 citado en Cerbino, 2004) para proponer que el medio más efectivo para prevenir la disputa consiste en el conocimiento de la fuerza relativa del adversario; sin embargo, es justamente la lucha misma la vía para medir dicha fuerza. El efecto de estas relaciones de fuerza en el conflicto debe ser diferenciado de los intereses antagónicos, los cuales corresponden a la posición particular de cada uno de los actores en disputa, Coser (1961 citado en Weisiger, 2018) afirma que si previamente se conoce el grado de fuerza relativa del enemigo tales intereses antagónicos pueden ajustarse sin lucha, a través de procesos de negociación. En este sentido, si la lucha configura el medio efectivo para estimar la fuerza relativa del adversario, el conflicto constituye un mecanismo equilibrador de la esfera social.

Finalmente, el autor propone una distinción entre conflicto real e irreal, de modo que los conflictos de tipo real surgen a partir de la frustración del logro de un fin establecido o la satisfacción de demandas específicas para las cuales el actor estima ganancias y pérdidas. En este sentido el conflicto aparece como medio para lograr un fin u objetivo determinado que se disputa con grupos adversarios. Por otra parte, los conflictos de tipo irreal responden a la necesidad de liberar la tensión de uno de los actores de la contienda, de manera que el conflicto articula tanto un medio como el contenido de las relaciones de lucha.

Los procesos hostiles no son elementos suficientes para desencadenar el conflicto, sino que también es necesario que ocurra la objetivación, un proceso a partir del cual el conflicto debe ser dirigido hacia un objeto. (Proposición No. 4. El conflicto y los impulsos hostiles). Y aunque la hostilidad procura la afectividad, la dinámica relativa a la construcción del objeto tiene como finalidad central prevenir la contradicción o el encuentro de actitudes enfrentadas durante la contienda grupal. Es decir, el encuentro hostil con otro grupo sólo es posible en la medida en que percibo al otro a modo de "objeto", distante, como objetivo central de la disputa.

11.2. ALIENACIÓN Y SUBJETIVIDAD

"Pasiones sin verdad, verdades sin pasión" es la forma como Karl Marx refiere a la autoenajenación humana en su escrito del dieciocho Brumario de Luis Bonaparte. Aunque la propuesta de Marx articula una lectura macroestructural de la sociedad, es posible identificar en los primeros escritos del joven Marx y en su concepto de enajenación una preocupación por comprender filosófica y antropológicamente la naturaleza humana. En este sentido, el análisis de lo social puede ser leído como un problema de índole psicológica, como también sociológica (Israel; 1988, p. 13).

Israel (1988) postula que la enajenación humana se puede comprender como el proceso en el cual la conciencia de sí mismo que presente el individuo es ofuscada, de modo que le es imposible constituir sus pasiones (auténticas). Es en los Manuscritos económico-filosóficos publicados en 1932 donde Marx elabora una teoría sobre la alienación o enajenación "Entfremdung". Y aunque en publicaciones posteriores (la ideología alemana de Marx y Engels o en El capital) mencionará el término, un análisis a cabalidad del mismo no constituirá su preocupación central.

El joven Marx inicia sus ideas a partir de la revisión de la obra de Hegel, postura de la cual se distanciará. Marx destaca el valor de la capacidad de control del ambiente social y natural o parte del ser humano, puesto que constituye la base de su emancipación y un medio para su autorrealización; de modo que tal autoafirmación subjetiva se encuentra en la base del establecimiento de relaciones sociales que hacen posible el libre desarrollo del individuo tal y como sucede con profesiones como el arte o la ciencia.

Es en este sentido como Marx diferencia fuerzas productivas (fuerzas de las cuales dispone el hombre para la producción de bienes) de relaciones sociales, como fuente fundamental de orden social y en esta medida del proceso productivo. El elemento central de enajenación se encuentra entonces en un sistema social cuyo modo de producción –capitalista-procura a los sujetos experimentar tales fuerzas productivas como elementos que los controlan (en vez de ser estos, quienes controlen lo que socialmente han creado).

Así, en la Ideología Alemana el autor postula que "el poder social, o sea, la fuerza productiva multiplicada que resulta de la cooperación de diferentes individuos y que está determinada por la división del trabajo, aparece ante estos individuos, puesto que su cooperación no es voluntaria sino natural, no como su poder unificado, sino como una fuerza ajena que existe fuera de ellos, cuyo origen y propósito ignoran, y que por lo tanto no pueden controlar, sino que por el contrario, pasa a través de su propia serie de fases y etapas de poder, independientemente de la voluntad y la acción del hombre, y parece incluso gobernar su voluntad y sus acciones" (Israel citando a Marx; 1988, p. 15)

11.3. LECTURA PSICOLÓGICA DEL CONFLICTO: PSICOANÁLISIS Y JUVENTUD

El psicoanálisis plantea la agresividad y el conflicto como procesos de tensión constitutivos e inherentes a las relaciones sociales. La teoría freudiana explica la tensión inherente a los mecanismos y estructura psíquica subjetiva a partir del funcionamiento diferenciado pero interdependiente de las pulsiones instintivas. Tales pulsiones configuran parte de las estructuras de personalidad, son la base para la formación del principio de realidad y el carácter subjetivo de los seres humanos. Desde la perspectiva psicoanalítica tradicional la estructura psíquica se compone por pulsiones de vida y de muerte, la primera tipología refiere a la sexualidad y los mecanismos de autoconservación del Yo que procura el sistema para sí. Por otra parte, las pulsiones de muerte refieren a todo aquello que implica lo inmóvil e inanimado.

En este sentido, el conflicto representa un elemento endógeno cuya característica central articula la diada constitutiva del principio del placer, es decir, la ambivalencia entre pulsiones de vida y de muerte, según la cual el sujeto presenta una tendencia constante hacia el retorno "al estado anterior" y a partir de la cual procurará mantener el displacer bajo los niveles mínimos posibles. Así, el autor reconoce como elemento sustancial del proceso de cambio ("evolución") de la historia humana su tendencia hacia el movimiento y el cambio al afirmar que "la finalidad de toda vida es la muerte" (Freud, s.f. citado en Kaplan, 2004, p.38).

La pulsión de vida estará encaminada a la realización del deseo subjetivo, sin embargo, constantemente el debate entre un proceso de tensión ambivalente (entre las pulsiones de vida y muerte) al interior del sistema planteará también el establecimiento de un punto nuevo de orientación libidinal, el cual plantea el debate constante entre cada una las instancias psíquicas (ello-yo-superyó); o lo que Ossa (2017) identifica como -la lucha constante entre el deseo y la autoridad-. Es decir, la sexualidad y la agresividad aparecen como ejes coyunturales de la pulsión de vida, así como la mediación de procesos y esquemas normativos tribales adquiridos a través de procesos de aprendizaje social (lenguaje, normas y prohibición del incesto) cobran valor subjetivo.

Bajo esta lógica, la pulsión de muerte tiende a permanecer en constante debate con la líbido narcisista, la cual orienta al individuo hacia una fuerte tendencia al estancamiento. La agresividad es entonces resultado del choque de la pulsión de muerte con la líbido narcisista, tensión en medio de la cual el sujeto intentará procurar para sí mismo el placer; tal proceso constituye el "principio del placer" (Freud, citado Cerbino, 2004). En este sentido, las pulsiones de vida y muerte se articulan de forma complementaria, puesto que será su interacción el proceso que permitirá la acción efectiva de las pulsiones agresivas, las cuales "aportarán la satisfacción a un impulso de vida" en el individuo. Con respecto a esta afirmación el autor postula que "el instinto de conservación es, en verdad, de tipo erótico, pero debe, sin embargo, disponer de agresividad para alcanzar sus fines" (Freud, citado en Cerbino, 2004, p. 26).

Louise Kaplan (2004, citado en Arcila, 2014) refiere a los diálogos de amor que se construyen en medio del gran debate entre el deseo y la autoridad durante la adolescencia como eje fundamental del proceso de desarrollo humano.

Las relaciones entre autoridad y el deseo son entonces aquellos diálogos en medio de los cuales se debate el adolescente. Es en medio de este interludio donde es posible identificar una lógica de operación temporal correspondiente a la dinámica psíquica adolescente; así, una "explosión de crecimiento que impulsa al adolescente hacia el futuro. Una ola de fresca vitalidad que expande cada uno de sus apetitos e intereses franqueará las estructuras del pasado, abriendo el camino a nuevas soluciones" dialogará simultáneamente con una tendencia regresiva, la nostalgia por los vínculos primarios de la infancia desde la cual el adolescente se ve "arrastrado hacia atrás, a lo que fue en un tiempo. La primera infancia no aceptará ser descartada. Impondrá sus arcaicos deseos y exigirá que estos continúen gobernando" (Kaplan, 2004). En este sentido, el presente, articulado en la praxis no sólo configura el único espacio de mediación de la tensión que el proceso de cambio adolescente implica, sino que también, se articula con un conjunto de lógicas intersubjetivas que procurarán determinadas formas de expresión de dicha tensión, así como también operar a partir de una racionalidad particular.

11.4. TRAYECTORIAS JUVENILES

Las trayectorias juveniles caracterizan los procesos biográficos, estas se encuentran permeado por una red de sentidos y disposiciones particulares las cuales dibujan/desdibujan realidades de grupos, colectivos y sistemas sociales de una forma particular.

Abordar las trayectorias juveniles es un proceso distinto a concebir las biografías de la juventud como proyecto de vida. La configuración de identidades dista de ser un proceso premeditado, mesurado, cuantificado, medido, sopesado; en tanto aparece y reaparece en una serie de juegos temporales (lógicos y cronológicos) cuyo eje central de acción se encuentra sujeto a los sentidos que el actor social construye en medio de las transacciones, encuentros y desencuentros que caracterizan las redes de interacción subjetiva a las cuales se conecta y por las cuales puede ser, estar, sentir y pensar.

Los conflictos son el plus que procura la movilidad, el movimiento *dentro de* y *entre* distintos tipos de sistemas de relaciones sociales. La tensión que genera el choque o desencuentro entre formas previamente establecidas (instituidas) y formas nuevas de acción, representación y afectividad procuran diversos resultados dependiendo de los medios o mecanismos que intervengan en el cambio de los sistemas de pautas culturales y sentidos apropiados por los sujetos.

Si asumimos la premisa que postula el conflicto como factor dinamizador del proceso de cambio social y de consolidación de la subjetividad será posible identificar una serie de funciones positivas que su acción procura (Coser, 1961 citado en Weisiger, 2018), en este sentido los conflictos sirven para establecer y conservar la identidad de los sistemas sociales y los grupos, en la medida en que reactualizan y refuerzan el sistema de roles y funciones previamente establecido; permiten el fortalecimiento de vínculos sociales, constituyen elementos fundamentales para la definición de las fronteras de grupo, puesto que en la medida en que procuran la identificación de un "enemigo" plantean la cohesión y el orden social. Además de operar como dispositivo clave en el establecimiento y mantenimiento de las relaciones de poder.

Dicha tendencia al cambio aparece como fenómeno inherente y constitutivo de los sistemas subjetivos e intersubjetivos que se encuentran en la configuración de las trayectorias juveniles, en las cuales todo acto creativo y toda acción ejercida sobre la realidad pone en disposición cierto nivel de agresividad (Kaplan, 2004 citado en Arcila, 2014) cuyo desenlace dependerá de los mecanismos a partir de los cuales es elaborado un medio de expresividad de la misma, éste último dependerá de la capacidad instalada en la sociedad a modo de procesos y prácticas instituidas (no necesariamente de tipo formal) las cuales operarán a modo de - válvulas de seguridad- (Coser, 1961 citado en Weisiger, 2018).

Las trayectorias juveniles asumen varios supuestos básicos: I) el curso de la vida de un sujeto puede dibujarse como una trayectoria. II) el análisis de una trayectoria requiere establecer criterios y mecanismos que permitan asignar posiciones a los individuos en un espacio. III) las dimensiones de ese «espacio social», deben corresponder a los factores que más determinan la estructura que adquiere un sistema de distribución social de posiciones, o de «capitales». IV) la trayectoria será función de las variaciones en los niveles de esos capitales que registra un individuo o un grupo de individuos en un lapso de tiempo.

Para cada grupo de individuos que ocupa una posición similar en la estructura social, se impone un abanico de posibilidades relativamente definido y más o menos común. Este es el efecto de destino que impone la situación de clase, que define posibilidades de trayectorias diferentes para los miembros de clases diferentes, y similares para quienes comparten una misma condición. Pero, así como asume esta suerte de «determinismo estructural», también asume que siempre queda un margen de posibilidad para que en cada grupo se produzcan fracciones que construyen trayectorias que se despegan del campo de posibilidades que determina su condición de clase, principalmente producto de incrementos o decrementos en los niveles de capital que resultan del propio movimiento o la propia acción.

12. Conclusiones

Tras evaluar las dos lecturas del conflicto, la lectura subjetiva asociada a la identidad de los jóvenes practicantes de danza de Multipropaz y la de los jóvenes practicantes de danza de Italia, España y Colombia (No vinculados a Multipropaz). Y la función mediadora del conflicto que propone la danza, como símbolo capaz de traducir en movimiento y expresión artística el conflicto psíquico y/o social experimentado tanto por jóvenes pertenecientes a pandillas (o expuestos a este tipo de violencia) y por jóvenes ajenos al mundo de la "ilegalidad", se concluyen los siguientes aspectos:

➤ La expresión violenta o no violenta del conflicto a nivel social dependerá de la capacidad de los mecanismos de mediación para rescatar las particularidades que presenta el conflicto y generar canales o vías de construcción del mismo que sea capaz de articular dinámicas efectivas tanto instituidas como "informales "que hacen parte de la cotidianidad de los actores. El grupo de danza en la comuna 20 de Cali surge como un grupo que opera inicialmente en la informalidad, muchas veces sin apoyo de la institución educativa, pero que cobra efectividad a partir de la lógica del par como elemento que rescata y representa el conflicto y que permite la generación de nuevas normas, otras formas de cohesión grupal e identidades juveniles.

➤ La institucionalización de la danza como medio de resolución de conflictos (subjetivos y sociales) debe procurar rescatar la forma como surge el conflicto, su naturaleza y particularidad. De este modo, no toda propuesta debe ser totalmente instituida. En el caso del grupo de danza de Multipropaz, se observa reiteradamente cómo la formalización de las diversas actividades del proceso de mediación a través del arte conlleva al fracaso o disminución de la efectividad o el impacto que presenta el baile (Uso de formatos de resolución de conflictos propuestos por directivos).

> Un eje central en la mediación del conflicto a través de la danza radica en la forma como desde vías institucionales es posible crear puentes que articulen la cualidad o particularidad de la población joven. Esta propiedad o característica es constitutiva de la danza en tanto presenta como cualidad central la expresión corporal, de emociones y de la individualidad, sin embargo, si no existe un espacio instituido, difícilmente se percibirán estos beneficios. Así, por ejemplo, muchos de los jóvenes no practicantes de danza identificaban en el baile de "fin de semana" una actividad divertida, cuyo valor era la socialización con amigos, pero no percibían beneficios a nivel de su esquema corporal, estima o prevención de estados depresivos.

> La danza no representa solamente un espacio de resolución de conflictos subjetivos y sociales de forma no violenta, sino que además es un campo en el que la construcción de identidades en una dinámica que propone para el joven un nuevo lugar en medio de las dinámicas y relaciones de poder y exclusión que operan en las dimensiones sociales cotidianas. La danza se encuentra arraigada fuertemente a la identidad de los jóvenes de modo que quienes la practican dan cuenta de hacerlo por voluntad propia, priorizando muchas veces la necesidad artística de "bailar" y comunicarse a través de la danza, ante la poca disponibilidad de tiempo con la que cuentan para sus estudios y/o trabajos. La danza configura un espacio simbólico de orden institucional y personal, cuyo valor principal reside en la posibilidad que proporciona a los jóvenes para construirse a sí mismos a través de la modificación de imaginarios que los define y ubica en relación con sus pares, en su trabajo, con su familia, como ciudadanos. La danza significa generar un nuevo discurso para leer y ser leído.

> La danza propone una pedagogía que privilegia la praxis, esta metodología permite la apropiación significativa del conocimiento en tanto rescata la cotidianidad de los jóvenes y hace del saber abstracto algo más pertinente.

> Para el joven bailarín que aún pertenece al mundo de la escuela, como los jóvenes de Multipropaz, la danza configura una propuesta educativa que rescata la dimensión temporal del presente como espacio de construcción reconoce la

particularidad del sujeto. De igual forma, la metodología de pares plantea el reconocimiento del conflicto adolescente con la autoridad a través del establecimiento de relaciones mucho más horizontales y menos autoritarias entre maestro-estudiante.

➢ El reconocimiento de la naturaleza del conflicto permite la creación de canales de mediación a través del arte y la danza que desencadenan en formas de expresión diferentes a la agresividad o violencia.

➢ La metodología de aprendizaje "aprender haciendo" constitutiva al baile, plantea el reconocimiento de la subjetividad en tanto se acopla a los intereses individuales y genera una vía para que el joven no deje de lado su particularidad, pero tenga la capacidad de asumir responsabilidades y funciones sociales. Preparándolo e incluyéndolo socialmente a través de un proceso personal y autónomo.

➢ Las trayectorias deben ser comprendidas como procesos y no como estados, puesto que no presentan una linealidad, ni tampoco un propósito fijo. En este sentido es como abordar las identidades juveniles bajo el rótulo de "proyecto de vida" resulta una perspectiva de análisis limitante.

➢ Los jóvenes del grupo de danza de Multipropaz no elaboran un proyecto para su vida, como algo sistemático, metódico, controlado o invariable. En el caso de los jóvenes de Italia, España y Colombia (no pertenecientes a Multipropaz) se perciben diversas trayectorias, algunos jóvenes ejercen la danza como profesión principal, otros, la mayoría, dedican sus vidas a danzar y desarrollar paralelamente otras profesiones asociadas a la danza (docente de danza, investigador) o no (Teatro, música, Química). El lugar que ocupan dentro del grupo, así como también las elecciones que toman se encuentran motivadas por el interés personal y por situaciones del contexto que los jóvenes no controlan, y que por la modalidad de aprendizaje que privilegian "aprender haciendo", la realidad tanto subjetiva como social constituye un espacio de descubrimiento constante que incide en el curso de cada biografía.

➢ Las identidades y trayectorias juveniles se construyen en medio del conflicto subjetivo y social, y en la medida en que el contexto (institucional escolar, familiar, laboral) lo reconoce es posible empezar a comunicarlo a través de vías diferentes a la violencia social o la expresión violenta del conflicto a través de un síntoma neurótico, es evidente en el discurso de los bailarines de Italia, España y Colombia (No pertenecientes al grupo de danza de Multipropaz) cómo presentaban un estado previo a la práctica de danza que afectaba su esquema corporal y estima.

➢ La alienación se observa como característica que atraviesa las prácticas productivas laborales y no laborales de la sociedad. En el caso de los jóvenes de Multipropaz constituye su realidad cotidiana y en el caso de los jóvenes bailarines de Italia, España y Colombia está asociada a un imaginario sobre la remuneración y la valoración que el mercado otorga a la danza y las profesiones artísticas en general.

➢ La identificación de este tipo de dinámicas, constituye la vía clave para consolidar propuestas instituidas efectivas, sostenibles y coherentes en el establecimiento de prácticas de convivencia a través del arte. Es decir, la danza se aproximará progresivamente a ser un medio terapéutico del conflicto subjetivo y social en la medida en que rescate la naturaleza social de cada dinámica del conflicto.

➢ El potencial expresivo de la danza, la modificación de las relaciones de poder, el conocimiento a través de la praxis y el espacio inmenso que procura a la individualidad aparecen como características esenciales y valoradas por los bailarines en su vínculo con la danza.

➢ La danza, en cada caso, se plantea como vía de expresión a cada una de estas fuentes de conflicto. El baile configura una actividad socialmente aceptada, donde el joven puede ocupar un rol distinto al que cotidianamente asume con relación a la autoridad, el afecto, el vínculo con los otros.

➢ Es diferente la danza como práctica profesional, al uso terapéutico de la danza: en contextos clínicos o médicos (hospitales o centros de salud), en contextos sociales cotidianos (barrio, comunidad, comuna), en contextos escolares y/o considerar los elementos psicoterapéuticos de la danza con fines artísticos (Ej: mejorar la destreza motriz o la seguridad de un bailarín en escenario).

➢ La práctica de la danza con fines profesionales tiene aspectos no terapéuticos asociados al desarrollo de cuadros o estados de ansiedad. El uso de la misma con fines terapéuticos, a nivel psicológico y/o social trae beneficios para el manejo de estados depresivos. Y sus beneficios son percibidos cuando existe un docente o moderador capaz de modular o sostener relaciones no autoritarias con sus estudiantes.

➢ Este estudio evaluó el uso de la danza con fines terapéuticos o como mediador del conflicto subjetivo y social, en el contexto escolar y social cotidiano. Sin embargo, el uso de la danza en contextos médicos no fue evaluado, dimensión que es posible evaluar, en tanto este estudio expone cómo el contexto constituye un elemento significativo en los efectos terapéuticos de la danza.

➢ La expresión corporal permite a los jóvenes modular los síntomas asociados al rasgo depresivo. Motivo por el cual, los efectos terapéuticos de su práctica son percibidos especialmente por personas con este rasgo de personalidad. Es decir, aquellos bailarines con carácter de tipo neurótico-depresiva o con tendencia a la depresión como estado continuo de su personalidad pueden percibir mejorías en su estado de salud mental general por medio de la práctica de la danza.

➢ Para la ansiedad estado y para la ansiedad rasgo no se perciben efectos psicoterapéuticos con la práctica de la danza. Este comportamiento de las variables puede comprenderse al estudiar el discurso de los bailarines cuando mencionaban que la práctica profesional y continua, los expone a experimentar niveles de ansiedad asociados a la disciplina y la técnica, a su desempeño en el escenario y al autocuidado de la imagen corporal que supone la puesta en escena.

➢ En la mayoría de los casos los bailarines exigen a su cuerpo en forma, estética y desempeño, ocasionando en algunos casos lesiones. Así también, la exposición ante el público y ante el maestro, el ser evaluado por la mirada de otro, constituye una situación que genera estrés y ansiedad. En síntesis, el baile expone al sujeto a la lectura de sí mismo y de los otros, demandando a su vez cierta destreza o rendimiento que puede generar tensión, factor que se convierte en un elemento contraproducente al intentar emplear la danza como medida psicoterapéutica en psicopatologías comunes como el trastorno o los cuadros de ansiedad.

➤ Entre los elementos significativos y diferenciadores de la danza con otras disciplinas deportivas y actividades físicas se encuentra la expresión y cuatro dimensiones: *I) Identidad o comunidad, II) Confrontación, III) Resignificación y IV) Autorregulación y reconocimiento de límites.* La corporalidad y el sentido de identidad, de pertenecer a un grupo o comunidad con intereses afines es relevante para los jóvenes practicantes, tanto para los jóvenes en condición de vulnerabilidad del grupo de pandilla, como para los jóvenes de Italia, España y Colombia (no pertenecientes a Multipropaz); danzar ampliaba su identidad individual, dotándola de un sentido comunitario. Bailar los hacía pertenecer a una comunidad artística, asociada al baile. Y significar con un nuevo sentido, como consecuencia, su identidad.

➤ El baile ofrece la posibilidad de expresar, externalizar y leer desde una nueva perspectiva las emociones, poniendo en escena además la corporalidad, esta combinación entre musicalidad y movimiento constituyen una imagen, cuya naturaleza es muy cercana a los elementos que componen la subjetividad: el lenguaje, la interacción ante la lectura de otro (público, maestro, comunidad y/o grupo de danza) y la corporalidad.

➤ La danza configura un medio de expresión corporal, musical y artística en el cual se puede simbolizar el conflicto subjetivo y social. El proceso de externalización emocional y cognitivo que plantea permite al individuo movilizar no sólo su cuerpo, sino también la lectura que hace de sí mismo. Entre otras cosas, al constituir una dinámica de grupo, configura un espacio particular desde el cual se lee la subjetividad en función de los otros. Así, quien se identifica con el poder o con características agresivas en su vida cotidiana, a través del baile puede exponer de forma no agresiva su poder, carácter y rasgos dominantes sin recurrir a la violencia.

➤ La danza moviliza el cuerpo, mientras cognitivamente moviliza emociones, la capacidad semántica y cognoscitiva, genera nuevos estados y esquemas mentales. En medio de la danza el imaginario del individuo se moviliza y se genera una posibilidad de cura. Su práctica continua fortalece el reconocimiento de límites, consigo mismos y con los otros, es decir, fortalece la autorregulación a nivel cognitivo. De esta manera, a nivel social promueve la modulación de conductas agresivas o violentas y a nivel subjetivo procura la consecución de objetivos.

➢ La danza tiene efectos benéficos para las dimensiones: mental, física y social. Los bailarines en condición de vulnerabilidad social exponen un cambio en sus prácticas delictivas y en sus trayectorias de vida. Si antes consideraban la ilegalidad como una alternativa profesional, tras la práctica de la danza el mundo de las pandillas se opaca y el baile, así como también, profesiones legales son consideradas por los jóvenes bailarines.

➢ Por otra parte, los bailarines de diversas nacionalidades, reconocen obtener mejorías en su estado físico y salud mental tras la práctica de la danza, entre las consecuencias del baile mencionan el empoderamiento o la posibilidad de re-significar aspectos de sus trayectorias de vida asociados a la autopercepción, la manera como percibían sus cuerpos y su carácter.

RECOMENDACIONES PARA EL DESARROLLO DE UNA INTERVENCIÓN

Actividades propuestas

Para el desarrollo de intervenciones psicoterapéuticas se propone contar con un diagnóstico previo de la población con la cual se va a trabajar por medio de la danza. El alcance de esta investigación aplica para trastornos mentales comunes asociados específicamente al tratamiento de los cuadros de ansiedad y depresión desde leve, a severa.

Para llevar a cabo estas actividades se recomienda contar con el apoyo de un docente de danza y con un psicólogo capaz de coordinar los espacios de expresión corporal en torno al fortalecimiento de procesos cognitivos, emocionales y comportamentales asociados al movimiento:

1) El mediador en el espacio de intervención con expresión corporal debe reconocer su autoridad en tanto es quien guía la práctica artística, sin embargo, en su pedagogía debe dar relevancia al potencial expresivo de la danza. Es necesario que los espacios tengan continuidad horaria y exijan progresivamente un desempeño a nivel técnico de la expresión, pero su centro debe estar en el potencial expresivo. Este último punto tiene como propósito modular la intervención para el tratamiento de casos clínicos de ansiedad, en los cuales se encontró que la presión del mundo artístico es contraproducente para los síntomas de este cuadro clínico.

2) Se propone entonces el desarrollo de sesiones con una duración promedio de una hora, con una continuidad mínima de cuatro (tres) días por semana que nos permita cumplir con los niveles recomendados de AF establecidos por la OMS. Llevando un registro mensual de la evaluación con las pruebas psicométricas seleccionadas por el psicólogo o psiquiatra que lleve el caso.

Para observar resultados se recomienda sostener la intervención durante un periodo mínimo de cuatro meses.

3) El espacio de intervención psicoterapéutica a través de la expresión corporal debe manejar un único género musical. Esto se sugiere debido a que el sentido de identidad generado alrededor de la práctica artística es de relevancia para la modulación de los síntomas en el cuadro depresivo.

4) La pedagogía propuesta durante cada sesión a pesar de hacer énfasis en el potencial expresivo de la danza, no debe perder técnica. Es decir, debe contar con un maestro o mediador capaz de fortalecer un aprendizaje a nivel corporal. Esta estrategia permite consolidar límites y es una manera de fortalecer el mecanismo de autorregulación en cada individuo.

5) Al final de cada sesión o posterior al desarrollo de algún ejercicio significativo durante la práctica de danza, es necesario generar un espacio de diálogo a nivel grupal en torno al ejercicio desarrollado. Este espacio fortalece la identidad de grupo, pero a la vez induce a los participantes a resignificar su posición en el grupo, su desempeño individual, sus movimientos, es decir, su identidad personal. Este proceso de externalización sostiene efectos terapéuticos y es necesario hacer un registro de las observaciones generales e individuales de los participantes con el fin de ajustar la intervención en caso de que se observen síntomas significativos.

6) Sería recomendable el registro de cuestionarios que permitan evaluar el nivel de motivación de los participantes hacia la actividad desarrollada, mediante cuestionarios individuales (BREQ – Q), de manera que se puedan observar posibles fluctuaciones en cuanto a la motivación de los participantes. De esta manera aquellos que consigan unos niveles de motivación superiores, obtendrán mayor adhesión e implicación respecto a las actividades.

Estas pautas deben ser consideradas como elementos base para la construcción de intervenciones psicoterapéuticas a través de la danza. Son sujetas a modificación, el diseño de los talleres se sugiere realizarse en conjunto con un profesional tanto del área de la psicología como del área de danza.

Por otra parte, el desarrollo de procesos de resolución de conflictos de orden social a través del arte, deben considerar elementos similares a los mencionados en cuadros de psicopatologías comunes:

I) *Identidad o comunidad*
II) *II) Confrontación*
III) *III) Resignificación*
IV) *IV) Autorregulación y reconocimiento de límites.*

Sin embargo, para el desarrollo de este tipo de intervenciones es de primordial relevancia el fortalecimiento de la identidad. Así, el uso de danzas o bailes regionales consolidan un mecanismo para que el individuo signifique de una nueva forma la relación o vínculo que sostiene con el mundo urbano y/o rural más próximo por medio del arte.

En estos casos, la autoridad es un elemento que se debe saber manejar en las intervenciones. Puesto que se recomienda manejar una metodología de pares, donde exista un mediador que coordine el proceso, pero cuya función central consista en empoderar a alguien de la comunidad para que sea este quien transfiera sus conocimientos en expresión corporal a nivel local. En estos casos se ha observado que son autoridades que gozan de legitimidad a nivel comunitario.

Se sugiere llevar a cabo talleres de una a dos horas en promedio, con intervenciones de (tres) cuatro a cinco días a la semana. El objetivo de estos procesos de intervención terapéutica es que sean sostenibles, pero como mínimo se sugiere tengan duración de un año.

En este tipo de intervenciones es prioritario el apoyo institucional y gubernamental, puesto que tienen valor y sostenibilidad en tanto articulan posibilidades a nivel institucional (empleo, educación) para los individuos involucrados.

13. Referencias bibliográficas

Accademie Nazionale di Danza (2017) Datos sobre las principales escuelas de danza en Italia. Recuperado de http://ustat.miur.it/dati/didattica/italia/afam-accademia-nazionale-danza#tabstudenti

Acevedo, D. E. P., Ortiz, L. A. A., y Bolívar, S. P. (2017). Cambios percibidos en la imagen corporal a partir de la práctica de Capoeira. *Amazonia Investiga*, *6*(10), 19-27.

Aguiar, L. P. C., da Rocha, P. A. y Morris, M. (2016). Therapeutic dancing for Parkinson's disease. *International Journal of Gerontology*, *10*(2), 64-70.

Allen, J., & Allen, J. P. (1979). *Drama in schools: Its theory and practice*. Taylor & Francis.

Allet, L., Müller-Pinget, S., Punt, I., Edelsten, C., Ballif, A., Golay, A., y Pataky, Z. (2017). Dance therapy combined with patient education improves quality of life of persons with obesity: A pilot feasibility study for a randomised controlled trial. *Obesity research & clinical practice*, *11*(1), 79- 87.

Alonso, D., Arroyo, M., Marcos, F. y Miguel, P. (2011). Análisis de la percepción emocional del alumnado durante las clases de danza en educación física. Habilidad motriz: *Revista de ciencias de la actividad física y del deporte*, (36), 38-48.

Amado, D., Sanchez-Miguel, P. A., Gonzalez-Ponce, I., Pulido-Gonzalez, J. J., y Del Villar, F. (2016). Motivation towards dance within physical education according to teaching technique and gender. *South African Journal for Research in Sport, Physical Education and Recreation*, *38*(2), 1-16.

Amarante, P., Freitas, F., Pande, M. R., y Nabuco, E. (2013). El campo artístico-cultural en la reforma psiquiátrica brasileña: el paradigma identitario del reconocimiento. *Salud colectiva*, *9*, 287-299.

Anderson, A. N., Kennedy, H., DeWitt, P., Anderson, E., y Wamboldt, M. Z. (2014). Dance/movement therapy impacts mood states of adolescents in a psychiatric hospital. *The Arts in Psychotherapy*, *41*(3), 257-262.

Arcila, M. (2014). Notas sobre las transformaciones psíquicas de la adolescencia en la historia del psicoanálisis.

Ardoy, D. N., Fernández Rodríguez, J. M., Jiménez Pavón, D., Castillo, R., Ruiz, J. R., y Ortega, F. B. (2014). A Physical Education trial improves adolescents' cognitive performance and academic achievement: the EDUFIT study. *Scandinavian Journal of Medicine and Science in Sports*, *24*(1), 52-61.

Arrizabalaga, Á. R., y Velasco, S. R. (2018). Estudio transdisciplinario sobre la autoconciencia. Ludus Vitalis, 25(48), 155-180.

Baer, J. (2014). Creativity and divergent thinking: A task-specific approach. *Psychology Press*.

Barnet-Lopez, S., Pérez-Testor, S., Cabedo-Sanromà, J., Oviedo, G. R., y Guerra-Balic, M. (2016). Dance/Movement Therapy and emotional well-being for adults with Intellectual Disabilities. *The Arts in Psychotherapy*, *51*, 10-16.

Bearss, K. A., McDonald, K. C., Bar, R. J., y DeSouza, J. F. (2017). Improvements in balance and gait speed after a 12-week dance intervention for Parkinson's disease. *Advances in integrative medicine*, *4*(1), 10-13.

Beghetto R.A., Kaufman J.C. (2016). Nurturing Creativity in the Classroom. Cambridge. *University Press*.

Boing, L., Baptista, F., Pereira, G. S., Sperandio, F. F., Moratelli, J., Cardoso, A. A., y de Azevedo Guimarães, A. C. (2017). Benefits of belly dance on quality of life, fatigue, and depressive symptoms in women with breast cancer–A pilot study of a non-randomised clinical trial. *Journal of Bodywork and Movement Therapies*.

Camarero, D. B. (2009). Cáncer en niños y adultos: estrategia vital con sentido. Madrid: Editorial entimema.

Castillo-Perez, S., Gomez-Perez, V., Velasco, M. C., Pérez-Campos, E., y Mayoral, M. A. (2010). Effects of music therapy on depression compared with psychotherapy. *The Arts in Psychotherapy*, *37*(5), 387-390.

Casullo, M. M., y Solano, A. C. (2000). Evaluación del bienestar psicológico en estudiantes adolescentes argentinos. *Revista de Psicología*, *18*(1), 35-68.

Cerbino, M. (2004) Pandillas juveniles. Cultura y Conflicto de la calle. El conejo, Quito.

Clark, D. M. (2017). Il programma inglese-Improving Access to Psychological Therapies (IAPT). *PSICOTERAPIA E SCIENZE UMANE,. 4,* 529-550.

Córdoba, V. Y. (2007). La narrativa visual como metodología del sentido: articulación metodológica e implicaciones terapéutico-educativas/Visual narrative as a methodology of the sense: methodological articulation and therapeutic-educational implications. *Arteterapia, 2,* 233-246.

Coser, L. (1961) Las funciones del conflicto social. México: Fondo de Cultura Económica.

Dantas, A. G., Alonso, D. A., Sánchez-Miguel, P. A., y del Río Sánchez, C. (2018). Factors Dancers Associate with their Body Dissatisfaction. *Body image, 25,* 40-47.

Davies, D., Jindal-Snape, D., Collier, C., Digby, R., Hay, P., & Howe, A. (2013). Creative learning environments in education—A systematic literature review. Thinking skills and creativity, 8, 80-91. De Tord, P., y Bräuninger, I. (2015). Grounding: Theoretical application and practice in dance movement therapy. *The Arts in Psychotherapy, 43,* 16-22.

Davenport, D. (2006). Building a dance composition course: An act of creativity. Journal of Dance Education, 6(1), 25-32.

Dieterich-Hartwell, R. (2017). Dance/movement therapy in the treatment of post-traumatic stress: A reference model. *The Arts in Psychotherapy, 54,* 38-46.

Dixon, L. B., Goldman, H., Srihari, V. y Kane, J. M. (2018). Transforming the Treatment of Schizophrenia in the United States: The RAISE Initiative. *Annual review of clinical psychology,* (0).

Farah, M. H. S. (2016). A imaginação ativa junguiana na Dança de Whitehouse: noções de corpo e movimento. *Psicologia USP, 27*(3), 542-552.

Garber, J., Frankel, S. A., y Herrington, C. G. (2016). Developmental demands of cognitive behavioral therapy for depression in children and adolescents: cognitive, social, and emotional processes. *Annual review of clinical psychology, 12,* 181-216.

Hammen, C. (2018). Risk Factors for Depression: An Autobiographical Review. *Annual review of clinical psychology,* (0).

Hiller, R., y Hensel, T. (2017). *ResonaT—Ressourcenorientierte narrative Traumatherapie: Kindern und Jugendlichen mit komplexen Traumafolgestörungen helfen.* Vandenhoeck & Ruprecht.

Hirsch, C. R., Meeten, F., Krahé, C., y Reeder, C. (2016). Resolving Ambiguity in Emotional Disorders: The Nature and Role of Interpretation Biases. *Annual Review of Clinical Psychology*, *12*, 281-305. DOI: 10.1146/annurev-clinpsy-021815-093436.

Ho, R. T., Fong, T. C., y Yip, P. S. (2018). Perceived stress moderates the effects of a randomized trial of dance movement therapy on diurnal cortisol slopes in breast cancer patients. *Psychoneuroendocrinology*, *87*, 119-126.

Israel, J., y Caso, M. (1988). Alienation, from Marx to modern sociology. La enajenación, de Marx a la sociología moderna: un análisis macrosociológico.

Kaplan, L. (2004) Adolescencia: El adiós a la infancia. Buenos Aires: Paidos.

Kawano, T. (2018). Transmission of the professional identity through an embodied artistic ritual: An investigation of a dance/movement therapy welcoming ceremony. *The Arts in Psychotherapy*, *57*, 1-10.

Kim, S. Y., Schwartz, S. J., Perreira, K. M., y Juang, L. P. (2018). Culture's Influence on Stressors, Parental Socialization, and Developmental Processes in the Mental Health of Children of Immigrants. *Annual review of clinical psychology*, (0).

Kiepe, M. S., Stöckigt, B., y Keil, T. (2012). Effects of dance therapy and ballroom dances on physical and mental illnesses: A systematic review. *The Arts in Psychotherapy*, *39*(5), 404-411.

Koch, S., Kunz, T., Lykou, S., y Cruz, R. (2014). Effects of dance movement therapy and dance on health-related psychological outcomes: A meta-analysis. *The Arts in Psychotherapy*, *41*(1), 46-64.

Lakes, K. D., Marvin, S., Rowley, J., San Nicolas, M., Arastoo, S., Viray, L. y Jurnak, F. (2016). Dancer perceptions of the cognitive, social, emotional, and physical benefits of modern styles of partnered dancing. *Complementary therapies in medicine*, *26*, 117-122.

Lange, G., Leonhart, R., Gruber, H., y Koch, S. C. (2018). The Effect of Active Creation on Psychological Health: A Feasibility Study on (Therapeutic) Mechanisms. *Behavioral Sciences*, *8*(2), 25.

Lee, H. J., Jang, S. H., Lee, S. Y., y Hwang, K. S. (2015). Effectiveness of dance/movement therapy on affect and psychotic symptoms in patients with schizophrenia. *The Arts in Psychotherapy*, *45*, 64-68.

Lee, T. C. (2014). Trilogy of body imaginary: Dance/movement therapy for a psychiatric patient with depression. *The Arts in Psychotherapy*, *41*(4), 400-408.

Llinás, R. R. (2003). *El cerebro y el mito del yo: el papel de las neuronas en el pensamiento y el comportamiento humanos*. Editorial Norma.

Low, L. F., Carroll, S., Merom, D., Baker, J. R., Kochan, N., Moran, F., y Brodaty, H. (2016). We think you can dance! A pilot randomised controlled trial of dance for nursing home residents with moderate to severe dementia. *Complementary therapies in medicine, 29*, 42-44.

Margariti, A., Ktonas, P., Hondraki, P., Daskalopoulou, E., Kyriakopoulos, G., Economou, N. T., y Vaslamatzis, G. (2012). An application of the Primitive Expression form of dance therapy in a psychiatric population. *The Arts in Psychotherapy, 39*(2), 95-101.

Martin, M. (2014). Moving on the spectrum: Dance/movement therapy as a potential early intervention tool for children with Autism Spectrum Disorders. *The Arts in Psychotherapy, 41*(5), 545-553.

McCaffrey, T., Edwards, J., y Fannon, D. (2011). Is there a role for music therapy in the recovery approach in mental health? *The Arts in Psychotherapy, 38*(3), 185-189.

Mondolfi, M., y Muneta, M. (2018). *Posibilidades terapéuticas y pedagógicas del teatro en el malestar psíquico, autoestima y estereotipos en mujeres con antecedentes de violencia de género* (Doctoral dissertation, Didáctica, organización escolar e métodos de investigación).

Mora, E. G. (2015). A propósito de los "falsos opuestos" en Ciencias Sociales-La IAP como posibilidad para la lectura integral y crítica de la realidad. *Campos en Ciencias Sociales, 3*(2), 261-279.

Moriana, J. A., Gálvez-Lara, M., y Corpas, J. (2017). Psychological treatments for mental disorders in adults: A review of the evidence of leading international organizations. *Clinical psychology review, 54*, 29-43.

Organización Mundial de la Salud (2010). *Recomendaciones mundiales sobre actividad física para la salud*.

Organización Mundial de la Salud. (2013). *Informe sobre la Salud en el Mundo 2013*.

Oramas Viera, S. S. (2013). El bienestar psicológico, un indicador positivo de la salud mental. *Revista Cubana de Salud y Trabajo, 7*(1-2), 34-39.

Ossa, H. (2017). La pulsión y el tiempo: un análisis desde la obra de Sigmund Freud de la experiencia humana del tiempo.

Panagiotopoulou, E. (2017). Dance therapy and the public school: The development of social and emotional skills of high school students in Greece. *The Arts in Psychotherapy.*

Pylvänäinen, P., y Lappalainen, R. (2017). Change in body image among depressed adult outpatients after a dance movement therapy group treatment. *The Arts in Psychotherapy.*

Rocha, P. A., Slade, S. C., McClelland, J., y Morris, M. E. (2017). Dance is more than therapy: Qualitative analysis on therapeutic dancing classes for Parkinson's. *Complementary therapies in medicine, 34,* 1-9.

Rodríguez, E. T. (2016). *Arte y Terapia. Historia, Interrelaciones, Praxis y Situación Actual* (Doctoral dissertation, Universidad de Salamanca).

Rodríguez Sabiote, C., Lorenzo Quiles, O., y Herrera Torres, L. (2005). *Teoría y práctica del análisis de datos cualitativos. Proceso general y criterios de calidad. Revista Internacional de Ciencias Sociales y Humanidades,* SOCIOTAM XV (2), 133-154.

Shanahan, J., Morris, M. E., Bhriain, O. N., Volpe, D., Lynch, T., y Clifford, A. M. (2017). Dancing for Parkinson disease: a randomized trial of Irish set dancing compared with usual care. *Archives of physical medicine and rehabilitation, 98*(9), 1744-1751.

Shim, M., Johnson, R. B., Gasson, S., Goodill, S., Jermyn, R., y Bradt, J. (2017). A model of dance/movement therapy for resilience-building in people living with chronic pain. *European Journal of Integrative Medicine, 9,* 27-40.

Singla, D. R., Kohrt, B. A., Murray, L. K., Anand, A., Chorpita, B. F., y Patel, V. (2017). Psychological treatments for the world: Lessons from low- and middle-income countries. *Annual review of clinical psychology, 13,* 149-181.

Solanki, M. S., Zafar, M., y Rastogi, R. (2013). Music as a therapy: role in psychiatry. *Asian journal of psychiatry, 6*(3), 193-199.

Strauman, T. J. (2017). Self-Regulation and Psychopathology: Toward an Integrative Translational Research Paradigm. *Annual review of clinical psychology, 13,* 497-523.

Téllez, I. (2018) Análisis de la percepción de la presión y el burnout en función de los años de experiencia en docentes de educación física (tesis de máster). Universidad de Extremadura, Extremadura, España.

Thornquist, C. (2018). The potential of dance: Reducing fashion consumption through movement therapy. *Journal of Cleaner Production*.

Touzard, H. (1980) La mediación y la solución de los conflictos. Barcelona: Herder.

Valladares, A. C. A., Lima, A. P. F., de Oliveira Lima, C. R., dos Santos, B. P. B. R., de Carvalho, I. B., y Tobias, G. C. (2008). Arteterapia: creatividad, arte e saúde mental con pacientes adictos. *JORNADA GOIANA DE ARTETERAPIA, 2*, 69-85.

Vanrell, C. R. (2006). Entorno natural, educación artística y arteterapia. *Creación y posibilidad: aplicaciones del arte en la integración social, 296*, 107.

Vassallo, A. J., Hiller, C. E., Pappas, E., y Stamatakis, E. (2018). Temporal trends in dancing among adults between 1994 and 2012: The Health Survey for England. *Preventive medicine, 106*, 200-208.

Veal, C. (2017). Dance and wellbeing in Vancouver's 'A Healthy City for All'. *Geoforum, 81*, 11-21.

Watson, D. E., Nordin-Bates, S. M., & Chappell, K. A. (2012). Facilitating and nurturing creativity in pre-vocational dancers: Findings from the UK Centres for Advanced Training. *Research in Dance Education, 13*(2), 153-173.

Weisiger, A. (2018). Logics of War: Explanations for Limited and Unlimited Conflicts. Cornell University Press.

Wiedenhofer, S., y Koch, S. C. (2017). Active factors in dance/movement therapy: Specifying health effects of non-goal-orientation in movement. *The Arts in Psychotherapy, 52*, 10-23.

Young, J., y Wood, L. L. (2018). Laban: A guide figure between dance/movement therapy and drama therapy. *The Arts in Psychotherapy, 57*, 11-19.

www.ingramcontent.com/pod-product-compliance
Lightning Source LLC
Chambersburg PA
CBHW080558090426
42735CB00016B/3282